Ⓢ新潮新書

ドナルド・キーン
*Donald Keene*

# 明治天皇を語る



001

新潮社

# はじめに　――もう一つのライフワーク

二〇〇一年に、私は『明治天皇』（上・下巻）を上梓しましたが、そのスタートは十年ほど前にさかのぼります。「明治天皇のことを書こうと決心した」と人に話すと、多くの人たちは大変驚きました。専門は日本文学なのに、どうして歴史を書くのか、まったく違う世界のものじゃないのか。そう思われたのです。

ですが、私自身はもともと歴史と文学はそれほど違うものだとは考えていません。すぐれた歴史の本は、どんな小説よりも面白い。

では、どうして私が明治天皇のことを書くことになったのか。それには大きな理由がありました。

私は『日本文学の歴史』という十八巻に及ぶ著作を仕上げるために、二十五年もの間文学のことばかり書いていました。ある方は私の文学史を褒めて、それがドナルド・キーンのライフワークだと言ってくれました。ありがたい言葉でしたが、考えてみるとライフワークというからには、最後のページを書き終えればあとは死ぬしかない。

私はまだ死にたくはありません。そこでもう一つのライフワークを始めようと思った。まだ元気ですし、頭も衰えていないので、今までやったことがないようなことをやってみたくなったのです。

その時、出版社から、「次のお仕事はどんなものでしょう」というようなことを聞かれました。私は誰か日本人の伝記を書きたいと答えました。文学者、それも自分が深く交わったことのある人の伝記を、と考えたこともある。しかし、それではこれまでの文学史の延長になるし、そもそも新しい出発点にはならない。ですから、文学者は避けようと思いました。

日本の歴史の中で、私は平安朝や元禄時代も好きですが、明治時代が大変に好きです。そこで、明治時代の人物について何か書こうと決めたのです。

では、誰について書いたらいいのか。しばらく考えて、私は一つの空白があることに気づきました。日本史上最大の変革時期であったゆえに、明治の文化や歴史に関する本はたくさんあります。しかし、大体において、そういう本の中には明治天皇がまったく登場しません。

もちろん、日本の一流の学者によって何篇もの明治天皇伝が書かれていることを知らないわけではない。ですが、西洋の伝記文学が確立した手法に従っていて、私が書いてみたいと思う種類の伝記には、まだ一篇もお目にかかっていなかった。

そのうえ、当時私が知る限りでは、欧米諸国語で書かれた伝記も存在しませんでした。明治天皇は長生きしましたから、当時の混沌とした社会情勢ときっと深い関係があったはずです。にもかかわらず、明治時代の政治家、文化人、軍人などについては綿密な研究があるのに、近代日本にとって最も重要な人物が欧米でどうして黙殺されているのか。これは不思議というべき現象でしょう。

ためしに私は、当時の『エンサイクロペディア・ブリタニカ』を開いてみました。明治天皇のために割かれていたのは、驚くべきことにわずか八行。三船敏郎の三十八行、三島由紀夫の七十九行に比べて、これは著しくバランスを欠いていると言うほかありません。そこで、私は思い切って明治天皇のことを書くことにしたのです。

さて『明治天皇』では、明治天皇を描くため明治という時代そのものを読み解いていったのに比べ、今回は思い切って「明治天皇の人物像」に話を絞ってみました。初詣で込み合う明治神宮は知っていても、明治天皇陵が京都の伏見桃山にあることを知る人は少ないはずです。日本人を今日へと導いたのは、一体どんな指導者だったのでしょうか。

身近なところでは彼の暮らし振り、言葉遣いなど。天皇がどんな声で、どんな話し振りだったのか。簡単に思われるかも知れませんが、実は非常に難しい問題です。さらには天皇の教育内容、儒教思想が与えた影響など、彼自身に対する興味は尽きません。このような素朴な疑問から読み解くことで、また違った明治天皇を発見することでしょう。

なお、ご存知のように天皇の呼称は死後につけられるものです。明治天皇も生前は「天皇」「天子様」と呼ばれ、外国人との接見では「睦仁《むつひと》」という本名が使われています。拙著『明治天皇』と同様、この本でも分かりやすさを考慮して、全編にわたり「明治天皇」の名前で通すことをご了承ください。

明治天皇を語る・目次

# 天皇系譜

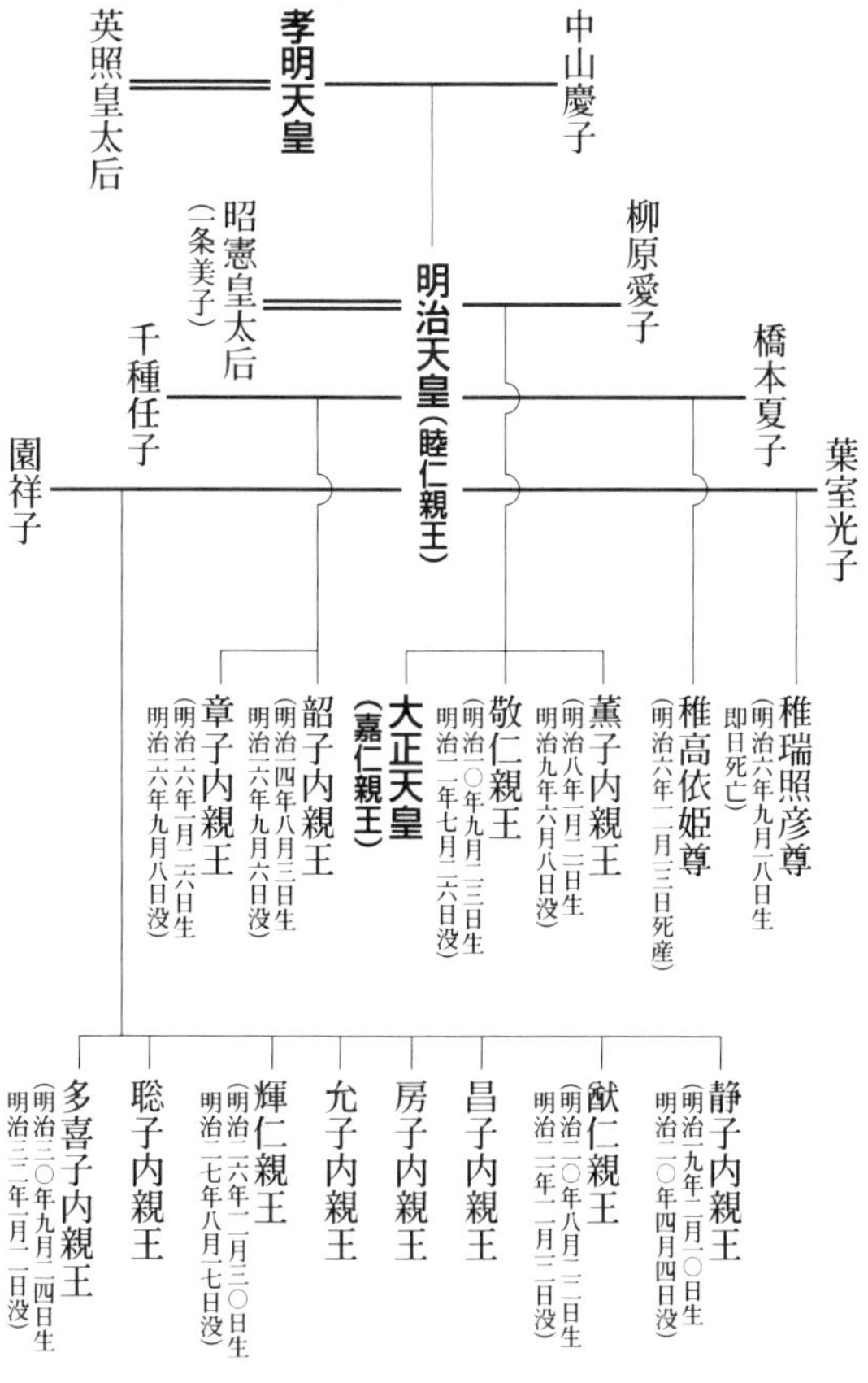


＊成人前の死亡のみ年月日を記載。
なお日付は『明治天皇紀』に基く。

# 第一章　一万ページの公式記録

## 完璧な資料『明治天皇紀』

明治天皇の伝記を書こうと思ったときに、まず問題になったのは、どういう資料があるかということでした。彼に関する一般的な知識不足は、なにも関係者が証拠を隠滅したからというわけではありません。実際の事情はまったく逆で、完璧な資料が残っています。宮内庁が編纂した全十三巻（最終巻は索引）一万ページ以上もある『明治天皇紀』という公式記録です。何年何月何日に明治天皇が何をしたか、誰と会ったか、周辺でなにが起こったかなど、年代順に一日単位で事細かに書かれてあります。

この本がなければ、おそらく私は明治天皇の伝記を書けなかっただろうと思います。

しかし、『明治天皇紀』は読んでもそれほど面白いものではありません。どうでもいい不必要なことまで詳しく書いてあるからです。私はもっと読みやすい、楽しい本を作ろうと思ったのです。

明治天皇が亡くなられた後、侍従たちに対しては「喋るな」というような命令が出ていたと思います。それに従い、多くの侍従たちは証言を残しませんでした。が、のちになって二人の侍従がかなり詳しく語っています。

ところが、彼らの思い出話は、場合によっては実に些細でありつまらない。これらを知っていることが悪いことではありませんけれども、それだけでは明治天皇という人物を知る手掛りにはなりません。

また例えば、侍従だった坊城俊良《としなが》が回想録『宮中五十年』で「数多くの新聞に毎日丹念に目を通していた」と書けば、別の侍従日野西資博《ひのにしすけひろ》は『明治天皇の御日常』で「ある時期までは見出しに目を通していたが、途中で見なくなってしまった」と書くなど、日頃の振る舞いについては、それぞれの内容が矛盾することも多いのです。

幼少期についても、ある人の回想では病気がちの少年だったかと思えば、ある人によれば健康、活発、いじめっこ、相撲が強い少年だったりする。実際に明治天皇がどういう人物だったのかを見定めることはかなり難しいことなのです。

大変困ったのは、日記や手紙がないことでした。日記があればどんなにありがたいことだったでしょう。彼の父である孝明天皇は、怒りに満ちたたくさんの手紙を残しています。明治天皇の手紙も残っていないわけではない。ただ、内容が乏しいのです。私が見た限り、事務的なことしか書かれていません。

明治天皇は自分の書いた字を人に見せたくなかったようです。自信がなかったためかどうかはわかりません。短歌を詠むとき、まず紙切れに歌を書いて、誰か字の上手な女官に命じてきれいな紙に書かせたあとは、自分の原稿は破って捨てていました。それゆえ、歌稿は一つも残っていないでしょう。伝記を書こうとする身には大変困ります。

これが、明治天皇とほぼ同じ時代を生きたイギリスのヴィクトリア女王のことなら、事情は全然違います。

ヴィクトリア女王には子供が九人おり、毎日、彼女はすべての子供に手紙を書いていました。その上、日記もつけていました。その手紙はすでに数巻の本にまとめられており、そこから彼女の人柄を読み取ることもできる。

また英国の宮廷は、日本の朝廷に比べはるかに君主の私生活が人々の目に触れやすい世界でした。ですからヴィクトリア女王のことを書こうと思ったら、無数の資料の中から好きなものを選ぶことができるわけです。そんな書きやすさもあってか、どうみても明治天皇より強力な君主だったとは思えない彼女のために、『エンサイクロペディア・ブリタニカ』は五コラム半――三ページ近くを割いています。

しかし明治天皇の場合、まず価値のある資料を選択することから始めなければならないのです。ヴィクトリア女王にくらべ、書くのが困難な理由はそれだけではありません。なによりも明治天皇の人生のほうが、彼女のそれに比べはるかに複雑で興味深いからなのです。

## 外国人が見た明治天皇

そこで私は、どういうふうに明治天皇に近寄ろうとしたか。まず、外国人が書いたものに目を通しました。

日本人は、遠慮するか、恐れ多いと思って、天皇について直接の印象は書きませんでした。しかし、外国人は遠慮せずにはっきりと自分の印象を書いています。

治世初期の明治天皇を見た外国人は、まずその顔に驚きました。英国公使パークスに随行した通訳ミットフォードの回想録によれば、白粉を塗り、赤と金の口紅を塗り、頬には紅をさし、眉を剃った上に作り眉をかいていました。歯も黒く染めてあったのです。別の外国人は、口の格好はよくなく突顎だが、顔の輪郭は整っていると記しています。

また、歩き方も変でした。足はまるで彼の持ち物ではないかのように見えたという。

明治天皇は奥（後宮。天皇が私生活を営む場所で、女官が統括していた）に住まい、女性に囲まれて育ちましたから、男性のような歩き方ではなく、むしろ貴族の女性に近い歩き方だったのでしょう。そして謁見の際に言葉をかけるとき以外は、彫像のようにじっとして動きませんでした。

即位してから十二年が経った頃、アメリカのグラント将軍が謁見しています。彼はその後天皇との友好を深めていく。彼が最初に会った際の天皇の印象を、グラントに同行した作家ジョン・ラッセル・ヤングはこう記しています。

「天皇は不動の姿勢で立ったまま動かなかった。若く、すらりとした身体つきで、標準的な日本人より背が高いが、我々にすれば標準的。印象的な顔立ちで、口と唇はハプスブルク家の血統を思わせる。額はふっくらと狭く、頭髪と薄い口髭、顎鬚はすべて漆黒である。アメリカであれば浅黒いといえる顔色が、髪の色のためより黒くみえる。表情からは感情は一切消え、黒く輝く瞳がなければ彫刻の立像と見間違えるほどだ」

傍らの皇后については、「高貴で地味な日本の衣装を着ていた。顔は実に白く、ほっそりした身体つきで、まるで子供のようだ。髪はきれいに梳かれ、金色の矢で束ねられていた」と表現しています。

さらに当時の政府重鎮たちの印象も語られていて興味深い。

「首相（太政大臣）の三条実美《さねとみ》は、背は低く、やせて、まるで少女のような身体つき。繊細で、彫りの深い、愛敬のある顔立ちで、二十歳の青年とも五十歳の大人ともとれる。岩倉（具視）は、断固とした決断力を示す線の太い顔立ちで印象が強い。頬に刀傷があり、それは日本の最も偉大な政治家大久保（利通）が数カ月前に暗殺されたように、岩倉暗殺を謀った暗殺者が斬りつけた跡である」

## 言葉遣いは京都弁？

次の問題は、どういう言葉遣いをしていたかということです。いくら探しても出てきませんでした。誰も書いていないのです。

いわゆる御所言葉だったかもしれません。つまり、育ちの言葉で、女性から覚えた言葉。「おたあさま（お母様）」とか、「おもうさま（お父様）」とか、そういう御所の言葉を明治天皇が使った可能性はありますけれども、大人になってからはそういう言葉は使わなかったでしょう。

京都弁だったのかどうか。たしかにときどき特別なことがあった際は、京都の言葉を使いました。五歳の時から守り役として仕えた女性のことを、親しみをこめて「おたふく」と呼んでいます。ぶさいくな女という意味の京言葉です。

当時は、まだ標準語そのものが確立しておらず、一番美しい言葉は京都弁であるというのが常識だったと思います。即位する十六歳までは京都弁だったのでしょう。ですが、その後もずっと京都弁で話していたとは思えないのです。そうすると、関西訛りの標準語だったのか、あるいはほんとの標準語だったのか、わからない。私がいくら探しても、手がかりはありませんでした。

かなり前のことですが、軽井沢で散歩している際、見知らぬおばあさんに「私は明治天皇について特別な知識をもっているのですが」と声をかけられたことがありました。

「新潮45」誌上で『明治天皇』の連載をはじめる前に、一度「明治天皇について書きたい」という意気込みを同誌で短い原稿にまとめたことがあり、おそらくそれを読んで話し掛けてきたのでしょう。

大変上品な言葉遣いをされる方でした。当時の私は『日本文学の歴史』を書き上げることで頭が一杯で、せっかくの機会に彼女の名前すら聞かなかった。その後、いざ明治天皇について書こうと思い立ったとき、どうしても彼女に会いたいと思いました。会えるのであれば、軽井沢中をさまよっても構わなかった。

しまいには「週刊新潮」の掲示板というコーナーに、彼女を探しているという記事も載せますが返事はありません。

遅きに失したのでしょう。できれば彼女にいろいろ話を聞いてみたかった。彼女だけではない。二十年前なら、明治天皇に実際に会った人たちが存命だったはずなのです。もしたとえ十分でも御前に出た人に話を聞くことができれば、明治天皇がどんな言葉遣いをしたかがわかったかも知れない。また、自分を指す代名詞はなんだったのか、京都弁の名残りはあったのかなど、明確になったはずです。

また美子《はるこ》皇后に対して、どういう言葉遣いをしていたのか興味があります。世間一般的な夫のような、「おい」とか「お前」という呼び方だったのか。どこにも引用されていないのでわからない。ただし誰かに皇后のことを話す場合は、かつての侍従の回想録によれば「妻」ではなく、いつも「皇后」と言っていたようです。

声はどんな声だったのでしょうか。明治天皇の録音はありません。当時の、他国の政治家の録音は少し残っています。

たとえば、日露戦争終結へ向けた功績で、ノーベル平和賞を授与されたアメリカ大統領シオドア・ルーズベルトの録音はあります。この録音を聴いたとき、私は驚きました。というのは、彼がニューヨーク訛りだったからです。私はニューヨーク生まれですが、子供の頃ニューヨーク訛りは大変汚い言葉として、絶対使ってはならないものと教えられました。江戸弁が当時汚い言葉として避けられたのと同じです。

パークスら外国人の記録を読みますと、明治天皇がまだ若いころの声は非常に弱い声でした。全然聞き取れないほど囁きに近い弱い声ですから、いつも人が隣に立って大きな声で同じことを言った、と。また彼が最初の一節を発すると、そのあとは側近が前もって用意されていたものを読み上げたこともあった。

ところが日本人が書いたものによりますと、明治天皇の声は非常に強く、よく響く声でした。まったく正反対の印象で、これはどう解釈すればよいのか。一方はほとんど聞こえない、もう一方は響く声。どちらのほうが正しいのか、よくわからない。相手によって声の大きさを変えていたのか、あるいは外国人の前に出ることが不安だったのかもしれません。

側近に対して怒りをぶつける際、話した内容は『明治天皇紀』に書いてあっても、どんな調子でどなったのかまでは記述が及んでいません。

話は逸れますが、明治天皇は側近に怒った後に謝ることがよくあった。他国の皇帝などは大抵自分には誤りはないと思っているものですが、彼は違う。再び誤ったことをしたならぜひ意見してくれ、という。大変愛すべき君主ではないでしょうか。

## 和洋折衷の暮らしぶり

衣類に関して、明治天皇は革命的でした。即位後もしばらくは、宮廷の正式な衣装である束帯を着けていました。浅沓《あさぐつ》を履き、頭には冠という姿です。冠には天皇であることを示す「立纓《りゅうえい》」と言われるものが立っていました。

ところが、明治六年に髪を西洋風に断髪して、その後は洋服を着るようになりました。ある日、侍従たちに髪を切らせた天皇が奥へ戻ってきたとき、すっかり様変わりした姿に女官たちはびっくりです。公家の元服には欠かせなかったお歯黒、眉書きも、近代国家にふさわしくないということで禁止します。

京都のある公家が皇居で天皇に謁見したとき大変驚いた。なぜなら、ふと顔をあげたそこには洋服姿で椅子に腰掛ける天皇がいたからです。廊下には絨毯が敷かれ、侍従たちは靴を脱ぐ必要もなく、執務は椅子に座って行われていた。もちろん御所で椅子に座る者など誰もいませんでした。

多くの保守的な人たちは、宮廷の急速な西洋化を快く思いませんでした。建白書を提出し天皇の洋服着用中止を訴えるものまでいる。西郷隆盛はそのものを呼び、「汝、未だ世界の大勢を知らざるか」と一喝しました。数年前の攘夷思想が吹き荒れていた時からは想像もできないほどの変革ぶりです。一方で左大臣を務めた島津久光は、役人の大半が当たり前のように洋服を着ていることが我慢なりませんでした。

初めて洋服を着るときに、横浜から外国人の裁縫師を呼んで寸法を取らせましたが、以来一度も寸法を取らせませんでした。天皇が太り気味になってからは、以前の採寸も役にはたたなかったことでしょう。仕立て屋は大体の寸法でつくり、天皇はちょっとこが窮屈だとか、緩いとか、そういうことを指示しただけです。そのためピッタリのサイズだったことは一度もないのですが、天皇はまったく気にしない。崩御の当日に皇太后の許しを得て測られた結果によると、身長は五尺五寸四分、約一六七センチメートルでした。当時としては大柄です。残念ながら体重は測られませんでした。

二十歳頃に撮影された、宮廷の正装を身にまとった明治天皇。(宮内庁蔵)

明治天皇が着ていたのは、金モールが肋骨のようについている軍服でした。これは外国の君主たちの軍服を参考に研究を重ねたものです。陸軍の服制改正で他の者がすべて近代風に変えた後でも、倹約家で知られる明治天皇だけは旧式の服を身に着けていました。天皇に拝謁したことのあるオーストリアのヒューブナー男爵いわく「なかば水兵なかば大使といった風変わりなヨーロッパ風の制服」は世界で一人だけだったので、外国人は驚き、また失笑しました。

皇居の中であっても、天皇は毎朝奥を出る際には洋服に着替えます。この制服のときもあれば、フロックコートのときもありました。

皇后は明治十九年に初めて洋装で人前に現れました。昨今の着物は、時代に合わないだけでなく、そもそも伝統的な服装とまったく異なる。古代、万葉集時代の日本女性が着ていたものは、むしろ西洋の服装に通ずるものがある。だから、これからは洋装にすると決めたわけです。

明治天皇は、私的な日常生活の場は畳の部屋が中心でした。しかし大部分を占める公式な場所は、外国人の便宜を図って靴を履いたまま移動できるようになっていました。ようするに、明治天皇の衣食住は大変複雑でした。明治天皇の前に、同じように和洋折衷の生活ができた日本人はおそらく一人もいなかったでしょう。

## 大酒飲みで風呂嫌い

明治天皇に何か個性がないか、他の日本人と違う面はなかったかと考えて、私は資料を探していました。そして私は確かに面白いものを発見し、驚きました。

たとえば、食べ物に対する趣味のことですが、明治天皇はお刺身が大嫌いでした。絶対に食べなかった。川魚は好きでしたが、海魚は絶対に食べません。当時の京都人は海魚を食べる習慣があまりありませんから、そう不思議なことではないでしょう。食べ物に関しては、いかにも京都人らしい。

花見も嫌いで、なるべく花見へ行かないようにしていました。

風呂も嫌いでした。夏以外、風呂に入ることはまずありませんでした。奥では蠟燭を使っていました。明治六年の火災焼失後に再建された皇居には、もちろん配線設備はありましたが、御座所では電灯を使うことを許しませんでした。明治天皇は電気が嫌いだったのです。電気そのものが嫌いだったのではなくて、電気の配線系統の欠陥が火事の元になることを恐れていたのです。蠟燭というとなんとなくロマンティックできれいだと思われますけれども、使えば壁も天井も大変汚くなります。しかし、明治天皇はまったく無関心でした。しまいには廊下が黒っぽくなって、特に飾り物、桜の花の造花がいたるところ真っ黒になってしまった。明治天皇が亡くなられた後、それは焼却するほかありませんでした。

刺身が嫌い、海の魚も嫌い、花見も嫌い、清潔さに興味がない。ようするにかなり変わった日本人だったのです。

食事について付け加えると、明治天皇は日本料理が一番好きでしたが、洋食も好んで食べていました。外国のものだからといって、断るということはまったくありません。

アイスクリームも大好きでした。

外国の野菜、アスパラガスも大好きでした。おいしいものなら日本のものであるか、外国のものであるか、まったく区別しない人でした。

『明治天皇紀』を読みますと、たとえば明治天皇が初めて牛乳を飲んだなど、そんな細かいことまで書いてある。明治四年に、古来から宮中で守られてきた肉食の禁が解かれ、その後は牛肉や羊肉を食べるようになります。

明治天皇は酒が大好きでした。その飲みっぷりは、侍臣たちの悩みごとのひとつとなります。

また皇后も、天皇の飲酒癖を気に病んで歌を詠んでいます。

花の春紅葉の秋の盃も
ほどほどにこそ汲ままほしけれ

「花の春」と「紅葉の秋」といえば、まさに現代でも酒が増える季節でしょう。

侍従日野西の回想録によれば、明治天皇はテーブルの上の酒がなくなるまで席を離れることがなかった。時に酒宴は十二時をまわり、深夜、さらには明け方にまで及ぶこともあったようです。好きなのは日本酒で、いわゆるコップ酒。

文部省が雇っていたドイツ人医師が酒量が多いのを見かねて、日本酒よりもワインのほうが体のためによい、一晩の晩酌に一瓶以上飲まないようにと進言します。それからはワインを飲むようになりました。特にシャンパンが好きでした。ある晩、大きな瓶のシャンパン二本を一人で飲んだことがあります。

飲む量は並外れていましたが、酒が強いかというとそうでもない。日野西によれば、ある日貴族（華族）の屋敷で、明治天皇は足元がふらつくほどしこたま飲んだ。日野西の肩を借りてなんとか歩くものの、体格のいい天皇を支えることは大変で、結局お互いの足がもつれて倒れてしまったこともある。

しかしどんなに酔っ払っても、翌日の朝五時、誰よりも先に起きて、御学問所に現れるので、みんな感心していました。学業をさぼったり、酒を飲みすぎることもありましたが、自分は日本の天皇であるという十分な自覚は持っていたのです。

## 能をこよなく愛す

儒教の教えでは、賢明な政治は「礼楽」を重んじる。礼楽とは礼節と音楽のことです。徳川幕府は「楽」である能楽を大切に扱い、両者の関係は密接なものでした。しかし幕府の崩壊によって、後ろ盾を失った能は存続も危うくなる。能を演じる役者のほとんどはほかの仕事にうつり、東京に残ったわずかな人々が細々と続けるだけでした。

わずかな能役者たちは旧藩主たちの客のもてなしの場で能を披露するぐらいで、藩主が地元に引き上げると全く活動の場がなくなってしまう。当時の有名な役者ですら、能を捨て農民か商人になろうかと思ったくらいでした。

ある日、岩倉具視の家を訪れた天皇の前で能が演じられました。このことが、その後の伝統復活に大きくつながることになる。御所では度々演じられたことはありましたが、東京での天覧はこれが初めてのことでした。予定された演目以外にさらに舞いを求めるなど、天皇はたいそう喜びました。

そもそも、なぜ岩倉が能を演じさせたかといえば、海外でのオペラ体験が大きかった。欧米視察中に、彼は度々オペラに招待されます。おそらくもてなす側とすれば、言葉がわからなくても音楽の付いた芝居であれば楽しめると考えたはずです。オペラに相当するのは日本では能だと、彼は考えた。帰国後は外国からのお客を能でもてなし、復活に重要な役割を果たしました。グラント将軍も、その魅力に感激した一人です。

明治天皇は、相当能が好きだったようです。自ら謡ったり、時には女官たちを集め披露することもあった。岩倉邸での天覧能以来、天皇が大臣らの屋敷を訪れる際には能のもてなしが多くなります。天皇が能を愛したことが、結果として能を存続の危機から救ったわけです。

## 英照皇太后

当時の皇太后も能が好きでした。孝明天皇が亡くなって以来、皇太后は三十年間を未亡人として過ごします。能楽を見たり、美術展を鑑賞したり、旅に出たり、その余生は楽しいものでした。

明治三十年が明けてまもなく、以前より体調が優れなかった皇太后の病状が悪化します。危篤の報せを受けた天皇は皇后とともに病床に駆けつけた。憔悴した皇太后をみた天皇は、声をあげて泣いた。ただ泣いて黙礼するばかりでした。天皇が泣くことは滅多にありません。私が調べた限りほかにはない。その日の夕刻、皇太后は亡くなりました。数えで六十五歳でした。

彼の生母は皇太后ではなく、権典侍《ごんのてんじ》の中山慶子《よしこ》です。孝明天皇の死後、天皇は皇太后の面倒をよく見てきた。彼女の死は、実の母の死とまぎれもなく同様の悲しみだったはずです。皇太子（大正天皇）が自分が皇后の実子ではなく権典侍柳原愛子《なるこ》の息子であることをはじめて知ったとき、大変驚き失望したのとは対照的です。

皇太后は、死後尊号が与えられ「英照皇太后」と称されることになります。皇太后や皇后に尊号が与えられることは、さかのぼること奈良時代の三例のみで、極めて稀なことでした。天皇の愛情がなければ、おそらく不可能だったことでしょう。

# 第二章　時代の変革者

## 十六歳で突然の即位

明治天皇が践祚《せんそ》（即位）した、つまり天皇になったのは数えで十六歳の時です。十六歳というと、私たち現代人にとってはまだ子供だと思われるでしょう。しかし、当時十六歳はそんなに子供っぽいものではありませんでした。十六歳の侍は戦争にも行ったし、十六歳の政治家もいたかもしれません。

とはいえ、明治天皇の場合は一つの問題がありました。父親の孝明天皇が三十六歳の若さで突然亡くなったのです。

気分が悪くなった翌日に高熱を発し、うわごとを言い始め、不眠に苦しんで、食欲不

孝明天皇の肖像画。太陽臨時増刊「明治聖天子」(1912、博文館) に掲載された。(資料提供・三康図書館)

振になります。両手に斑点があらわれ、それは顔にまで拡がりました。その後いったんは全快を祝う宴の席が予定されるぐらいまで目覚しく回復。しかし数日後には激しい下痢と嘔吐に見舞われ、顔には紫の斑点があらわれ、最後まで苦しみながら亡くなりました。

天然痘に罹って亡くなったと思われますが、はっきりした死因は不明です。回復から一転、病状が急激に悪化したことから、毒殺という説が今でも根強く残っています。

このようにあまりに突然の発病、死だったため、明治天皇は天皇になる準備を全然していなかった。教育を受けてきたといっても伝統的な内容ばかりで、これからの新しい時代への対応など何も教えられていません。元服すら済ませていないほどで、天皇としてどうすべきか父親から聞く時間などありませんでした。悲しみと不安からか、睡眠もままならず食もすすまなかったようです。

若き新天皇は、父の死を悼む四十にも及ぶ歌を詠みました。うち三首は、天皇になった責任の重みを託したものです。残念ながら、これらの歌はその後散逸してしまい、今となっては具体的な歌の内容はわかりません。

江戸中期以降の天皇は、数人の例外を除いて特に短命です。満年齢でいえば桜町天皇三十歳、桃園天皇二十一歳、後桃園天皇二十一歳、仁孝天皇四十五歳、孝明天皇は三十五歳で死去している。そのため、後継天皇の即位年齢は若くならざるを得ません。孝明天皇の祖父光格天皇は満八歳、その子供の仁孝天皇は十七歳、孝明天皇自身は十四歳で即位しました。

当時の事情からすると、明治天皇だけが特に即位が早かったわけではありません。徳川家安泰の時代であれば、天皇がたとえ幼君だったとしてもさほど問題にはならない。将軍が天皇に相談する義務もないし、承諾を得る必要もない。国を治めることが天皇の務めではなかったからです。ですが孝明天皇を境に事情は一変し、とりわけ明治天皇が即位した頃は、天皇の役割は国政を左右するほど極めて重要になっていました。

践祚から約一年半後の慶応四（一八六八）年八月二十七日、明治天皇の即位の礼が行われた。ちなみに同年九月八日、慶応から明治へ元号が改められます。即位の礼の前日、天皇の誕生日を国民の祝日とすることが決められます。明治天皇の場合でいえば、九月二十二日（新暦十一月三日）。天皇誕生日を祝日とする慣例は、実はさかのぼること千年以上前の宝亀六（七七五）年にすでに見られます。長い間中断されていた慣例が、明治天皇の即位にあわせて復活されたわけです。

また明治天皇から「一世一元の制」も定められます。これまでの天皇は、住んでいた土地の名前や死後に贈られた名で呼ばれるのが普通でした。天皇一代に一つの元号と定めたことで、崩御により明治が贈り名となるのです。では明治という言葉は、何に由来しているのでしょう。

**聖人南面して天下を聴き**
**明に嚮《むか》いて治む**

古代中国の書物『易経』の一節です。これは易占いの本なのですが、明治という言葉はここから取られた。そして明治は、明らかに治める、という意味に解釈されて、その後の明治天皇の治世の性格そのものをあらわすことになるのです。

## 理想の花嫁候補

新天皇に即位したものの、日本を取り巻く周囲の状況はますます緊張が高まる一方です。しかし側近がどこまで若い新天皇に伝えていたかはわかりません。

そのころ明治天皇の関心がむかったのは、自身の結婚のことです。花嫁候補に上がったのが一条美子。父親は左大臣一条忠香《ただか》、母親は伏見宮邦家親王の娘順子（生母は一条家医師新畑大膳の娘民子）、兄は権大納言左近衛大将一条実良《さねよし》と、家系は申し分なしです。また三、四歳で『古今和歌集』を朗読、五歳にして和歌を詠む。十二歳で笙を習得、能を好み、茶道、生花も得意、これまで目立った病歴もなく健康とくれば、まさに理想の花嫁でしょう。

ただひとつだけ問題になったのは、明治天皇より年上だったことです。皇后が年上だった例はこれまでにもあり、そのこと自体は障害にはなりません。この場合、美子が三歳上であり、「四つ目」という不吉な年回りとされたのが問題となった。結局、美子の産まれを一年遅らせることで解決されました。

孝明天皇の喪が明けてから、二人は結婚しました。即日美子は皇后に指名されます。孝明天皇の場合は、自分の正妻に最後まで皇后の称号を与えなかった。彼女は、文字通り皇后の次という意味の「准后」でした。皇后の称号は、格別な寵愛のしるしなのです。美子皇后は後に昭憲皇太后の名で知られることになります。明治天皇との間に子供は出来ませんでしたが、国民から広く慕われる存在となったのです。

次の歌は、華族女学校に皇后が賜った歌二首のうち、一首の冒頭です。

金剛石も　みがかずば
珠《たま》のひかりは　そはざらむ

人もまなびて　のちにこそ
まことの徳は　あらはるれ

歌二首には後に旋律がつけられて、華族女学校の校歌となりました。

皇后の歌集はごくわずかしかなく、もちろん全集のようなものもない。彼女の詠んだ歌はとても優れているので本になってもいい、いやむしろ本にすべきだと思います。彼女には文学的な才能もあった。どうして今まで無視されているのか、私にはわかりません。

## ユニークだった美子皇后

美子皇后は、改めて評伝を書きたいと思わせるぐらいユニークな人でした。

皇后にとって最大の任務は後継者を生むことです。それが出来ないと知ったときは、大変な失望を感じたはずです。その事実が彼女の立場を複雑なものにしました。もし百年前、徳川中期頃であれば、極端にいえば誰が天皇であってもよかった。女性でも構いませんでした。しかし、明治は激動の時代。子供、それも皇子がどうしても必要でした。結果的に彼女には子供は出来なかったものの、それを補って余りあるほど、明治天皇の妻としての役割を立派に果たしてゆきます。

外国人にも早くから会っている。それまでの皇后では考えられないことです。たとえば孝明天皇の妻が外国人に会うことなど絶対にあり得ない。周囲の人間を別にすれば、一般の日本人にさえ会うことがなかったでしょう。

残っている洋服から、皇后は大変身長の低い人だったことがわかっています。小さい人ではありましたが立派に見えた。直接会ったことのある外国人たちは、大変きれいだった、威厳があった、と文章を残しています。

明治天皇は極端に写真を嫌っていたので、公式の写真は二十歳前後の写真しか残っていませんが、皇后は撮られるのが好きでした。残された写真をみれば、外国人の感想の

二十歳頃の和装姿の美子皇后（のちの昭憲皇太后）。
国民から慕われ、錦絵にも描かれた。（宮内庁蔵）

通りだとおもうでしょう。

いろんな局面で皇后は天皇を助けた。天皇が憂鬱なときや病気で行事に欠席したときは、そのつど皇后が天皇の代行を務めました。外国大使との謁見をこなし、華族、政府高官など通常ならば男だけの会合にも出席しました。軍艦「武蔵」の進水式も彼女が代行しました。式に出席するため、軍艦「扶桑」に乗艦して横須賀港に入港したのです。女性はまず軍事演習には姿を現さないものですが、それすら天皇と一緒によく出かけました。

彼女の作った歌の中には、なんと魚雷について詠んだものまである。天皇とともに巡洋艦「浪速」「高千穂」に試乗、機砲発射など海軍演習や、水雷試験場で魚形水雷発射作業を観覧した際のことです。次の歌は、「水雷火を」と題した一首です。

事しあらばみくにのために仇波の
よせくる船もかくやくだかむ

その他にも、巡洋艦「高雄」の命名、進水式への出席、東京帝国大学の視察など限りありません。

彼女に関して私が一番感心するのは、先にも述べましたが洋服を着ると決めたことです。また、それに対し明治天皇が文句を言わなかったのも偉かったと思います。

明治の初期、鹿鳴館時代は洋服を着る女性はたくさんいました。しかしそれも一時のことで、それ以降は次第に少なくなっていく。明治中期になると、みな以前の着物に戻ってしまいます。そんな中でも、彼女はずっと洋服を着続けたのです。

### 卓越した皇后の手腕

皇后に関してもっとも不思議な話は、日清戦争の際に広島の大本営にいた明治天皇のところに二人の側室を連れて出かけたというものです。明治天皇を喜ばせるつもりでしたが、普通の女性には絶対にできないことです。

皇后は広島に到着した日に、明日にも傷病兵が収容されている病院を訪問したいという。皇后の侍医は長旅の疲れを癒すことを勧めましたが、彼女は三日後から隔日で病院を訪問し傷病兵を慰労します。決して楽しいことではありませんが、皇后としての義務感があったのです。

また岩倉具視が亡くなる数日前のことです。

皇后は岩倉を見舞いに訪れます。自分が見舞うと知れば、病軀を押して寝床から出ようとするに違いない。そこで彼女は、今日は一条忠香の娘として見舞いに行く、「宜しく褥室に在りて相見るべし」(くれぐれも病床についたままでいるように)と伝えました。この素晴らしい皇后の機転のおかげで、礼儀を重んじる岩倉も寝たまま皇后を迎えることが出来たのです。

明治二十七年、天皇夫妻の結婚二十五周年を記念した祝典がありました。「銀婚式」という言葉は使われませんでしたが、贈答の品々は銀製のものが多かった。事実上、これは日本初の銀婚式でした。皇后も銀糸で花鳥を織り出した服を着ています。

西洋ではいつから銀婚式と金婚式が始まったのか調べてみましたが結局わかりません。ただそんなに古いものではなく、早くとも十九世紀に入ってからできたものでしょう。それを皇后は、すぐに日本に導入したわけです。銀婚式を記念した金銀のメダルも作られ、また祝典の様子を描いた錦絵も残っています。

皇后は国民から大変尊敬されていたと思います。それは錦絵を見ればわかります。明治以前にはなかったことですが、皇后が錦絵に登場するのです。明治天皇と揃って登場する絵もありますが、皇后が宮廷の女性と何かしている場面、つまり皇后が主人公のものもある。皇后が学校で子供たちになにか教えている錦絵もあります。

一般の人には、明治天皇に対する一種の恐怖感があったのでしょう。しかし皇后には、むしろ親しみを持っていたのだと思います。

明治天皇と共に美子皇后も登場している錦絵「**貴顕牡丹華遊覧**」。作者は、楊洲周延（著者蔵）（54ページ〜56ページ）

第二章　時代の変革者

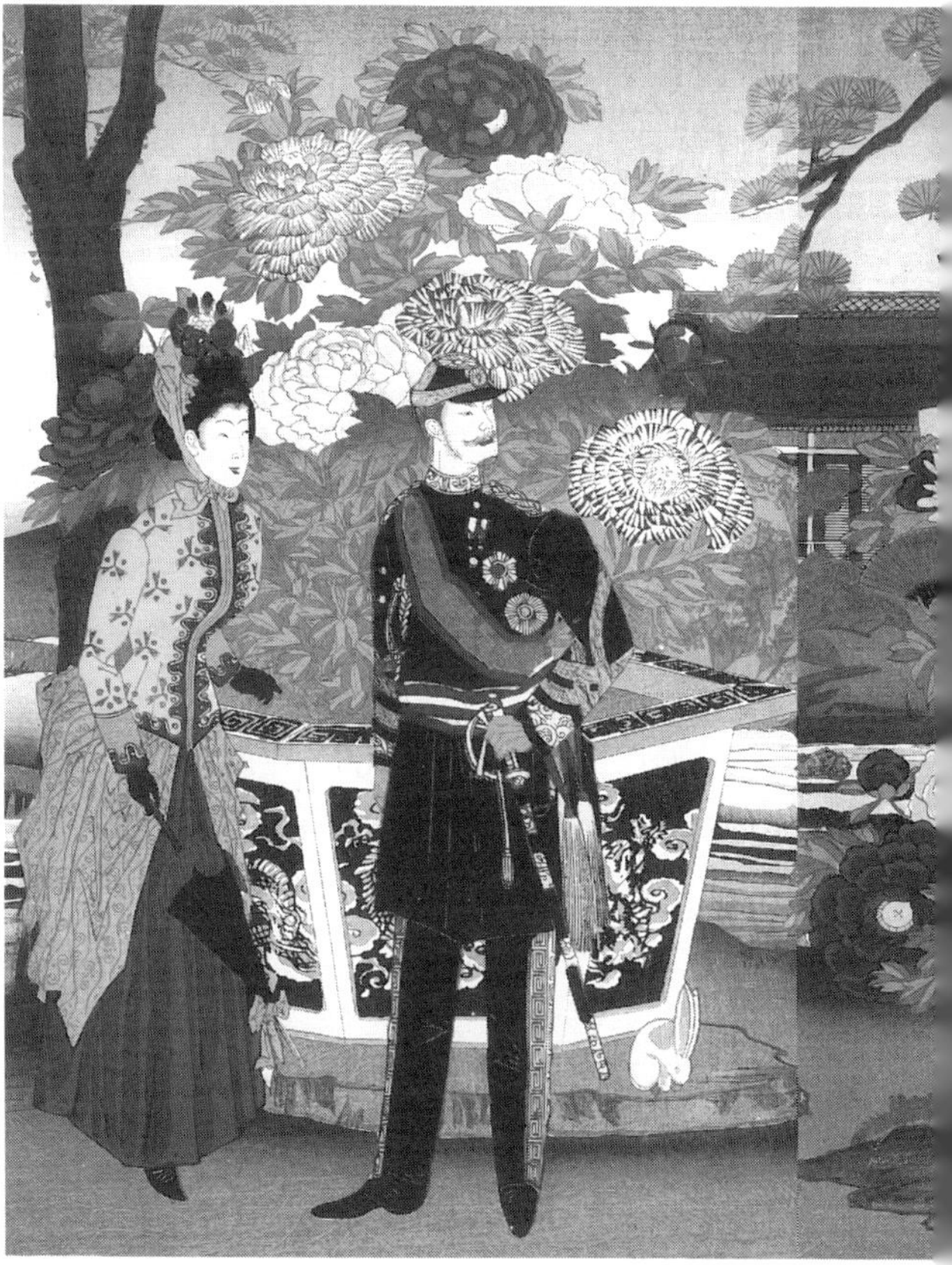

印刷兼發行者 小森宗次郎

## 天皇の幼少期教育

明治天皇に対する幼少期教育はどのようなものだったかというと、典型的な貴族の教育でした。外国から開国を迫られ国が揺れている時でも、彼が受けた教育は歴代天皇のそれと大差がない。世界の地理や西洋科学ではありません。

一番大切なことは書道。二番目に大切なことは漢文。数えで八歳になった際、これまでの軽い手習いに代わり書の師範がつき、皇子教育がはじまっています。皇族として達筆であることが重要視されていたということです。ただ実際にどれだけの技量だったのかは、判断できる材料が乏しいのでわかりません。

一方漢文については、書と同じ頃から『孝経』『大学』『中庸』『論語』などの漢文で書かれた儒教の本を素読していました。

素読というと、先生が言うことを鸚鵡返しに言うだけで、はじめのうち意味はわかりません。意味はわからないけれども、数年間同じことをやり続けたら、だんだん意味がわかって、しまいには漢文がよく読めるようになる。

しかし、これはまだ幼い彼にとって極めて退屈なことだったはずです。意味がわからないことをまねて言うのは、決して面白いことではないでしょう。明治天皇が十歳の時に、十二歳の裏松良光《たるみつ》が親王附児として仕えます。それまでは寺小屋とは違っていつも一人で教育を受けていましたから、友達と話すこともできなかったし、同級生たちと笑ったり競ったりということもない。

そのためかどうかはわかりませんが、特に勉強熱心というわけではなかったようです。学問の最中に勝手に黙って奥へ入ってしまって養育係を困らせたり、生母中山慶子の目を盗んで日課をごまかしたりする。後年に明治天皇が自ら語ったところによれば、若い頃の慶子は厳しくて、その日の課題が終わるまで食事をさせてもらえないこともあったようです。

このほか、そのころの読書傾向としては、『源平盛衰記』『太平記』『太閤記』といった勇ましい軍記物語が好みで、『漢楚軍談』や『三国志』のような中国の英雄が活躍するものは好きだったようです。

もう一つ、天皇として覚えなければならなかったのは歌を詠むことでした。詠むだけではなく歌の伝統を知ることも必要ですので、やがて『百人一首』や『古今集』の歌にも精通するようになります。

明治天皇が生涯で詠んだ和歌は十万首もある。全部はまだ活字になっていませんが、活字になっているものだけでも数千あります。その多くは、四季の美などを詠じたものです。たとえば、初霞、初雪、あるいは落葉など。こういうものは直接、伝記の資料にはなりませんが、ところどころに自分の気持ちを述べているものもあり、私にとってはきわめて面白かった。

月見れば雁がとんでゐる
　水のなかにもうつるなりけり

満五歳のときに初めて詠んだ歌、つまり十万首の最初の一首です。この和歌は生母中山慶子の死後、その所持品の中から発見されます。詠まれた日付が、慶子の手書きで書き入れてありました。韻律に明らかな誤りがあるものの、明治天皇が幼い頃から和歌に親しんでいたことがわかるでしょう。

この一、二年後に詠んだのが、次の歌です。

曙に雁帰りてぞ春の日ぞ
　聲を聞きてぞ長閑なりけり

「ぞ」の繰り返しなどまずい点もありますが、格段に腕を上げています。明治天皇は毎日、作った歌を父である孝明天皇に見せ直してもらっていました。

春の日に空曙に雁歸へる
　聲ぞ聞こゆる長閑にぞなく

孝明天皇は、このように手を入れました。この直接の指導が、歌人・明治天皇の基礎となったわけです。ただ二人の関係がどうだったかといえば微妙です。息子として父を尊敬はしていたはずですが、仲はそう良くなかったようです。

孝明天皇が亡くなってしばらく、明治天皇は夜な夜な悪夢にうなされました。中国の鬼神である鍾馗《しょうき》の格好をした父親が夢に現れ、眠りを妨げられ熱も出してしまう。父親の信念である攘夷を支持しなかったことへの潜在的な罪悪感が、悪夢につながったのかもしれません。

明治天皇は、父親の孝明天皇の行動には賛成できなかったでしょう。即位してからはまったく正反対の行動をとるのですが、公の場で父の欠点を挙げることなどは一度もありません。京都を訪れる際は墓参りも欠かしませんでした。

## 病弱かわんぱくか

明治天皇の幼少期に関しては、病弱だったりわんぱくだったり、侍従の回想録などでも説はまちまちです。

満一歳の誕生日を祝った翌週、明治天皇は嘔吐と熱にうなされ、しばらく回復と再発を繰り返します。宮中の人々の頭には、これまで数々の皇子が幼い頃に亡くなった忌まわしい過去がよぎったことでしょう。結局、病気が完全に癒えるには三カ月もかかりました。宮中において当時は漢方治療が主体、それが駄目なら祈願、祈禱に頼っていたことも大きな原因です。翌年には、突如高熱を出し、一時は手の施しようもない状態に陥る。その後も四歳にいたるまでは熱を出すことも多く、そのたびに唯一の皇子の健康状態に宮中が一喜一憂しました。

そんな彼も、八歳を過ぎるころにはわんぱくな男の子らしくなってくる。ある日、池の鯉を覗き込んでいた子守り役を、後ろから突き落としてしまいます。ほめられた逸話ではありませんが、幼少のころの病弱さを打ち消す狙いがあったのかもしれません。

一方、元治元（一八六四）年七月、いわゆる蛤御門《はまぐりごもん》の変（禁門の変）が起こった際のことです。御所の守備軍に敗れ総崩れの長州軍は敗走、再び京に平和が戻った。しかし、翌日の夜三百人近くの輩が御所内に侵入したとの情報が流れ、御所はパニックになります。あまりの恐怖のため女官らが泣き叫んだりする中、幼少の明治天皇も驚きのあまり発作を起こして気を失ってしまいます。

この逸話を聞くと、おそらく彼のことを臆病で気弱に思われるかもしれません。ですが明けてその翌日には、そんな事件のことはすっかり忘れ、まわりに絵本の説明をせがんだりしている。逆に心強い話とも思えるのです。

## 若き天皇への教育

即位したばかり、若き天皇への教育はどうなされていたのでしょう。中心となったのは、中国の儒教にかかわる書物や日本史の書物を読むことでした。一カ月の間に『論語』の輪講、『日本書紀』の進講がそれぞれ六回。しばらくすると『論語』以外の四書輪読、日本の書物では『神皇正統記』輪読が加わります。激動する時代に必要な世界地理や歴史、科学などを学ぶ機会は依然としてありませんでした。

国を治める天皇の教育は、側近たちの大きな関心事です。そんなまわりの心配をよそに、彼が一番興味をもったのが乗馬でした。小さい頃から女官ばかりに囲まれて育った天皇を鍛えるため乗馬が奨励されます。しかし余りに乗馬の魅力にとりつかれ、今度はそれが侍従たちの悩みの種になりはじめる。一日おきに乗馬に明け暮れるのを憂いて、毎月三、八の日、つまりせめて月六回程度に限ったほうがよい、と諌言してはどうかと考える側近もいました。ようするに乗馬の時間を減らして、もっと読書にいそしむべきと誰もが思っていたわけです。

明治四年になって、天皇の学ぶ教科内容が若干変更されます。ほんの少し前に出版されたサミュエル・スマイルズの『自助論』の翻訳『西国立志編』などが講義に加わりました。またドイツ語の講義もはじまったのですが、これは長くは続きませんでした。忙しくて時間がないというのが公式理由ですが、調べてもその頃は特に忙しいことはない。語学の才能がなかったのか、あるいは外国語を覚えることに抵抗があったのかもしれません。

## 重要になった天皇の存在

孝明天皇は極度に外国人を恐れ、攘夷主義者でした。彼の即位直後からの反外国感情は、終生変わることはなかった。外国人が一人でも日本の土を踏めば、八百万《やおよろず》の神々がどんなに怒るかと考えていましたから、幕府の開国政策には激しく反対します。

ペリー来航の知らせを受けた際は、七社七寺に十七日間にわたって一刻も早く日本から立ち去るよう祈願させせた。またタウンゼント・ハリスと幕府の間で日米修好通商条約が結ばれたことに激怒した際は、天皇をやめるとまで言い出したのです。もちろん外国人に会ったことなどあるわけがない。

ところが、明治天皇は即位後、わずか一年経つか経たないうちに外国人に会っている。外国人には好意的でした。岩倉具視らが、君主が他国の公使を引見することは万国の通義、と説いたことも大きいのですが、私の解釈では天皇自身の決意だったに違いありません。いくら周囲の人たちが、会ってくださいと言っても、もし会いたくなければ、周囲の人たちには何もできなかったはずです。

そもそも明治天皇は、即位する以前から攘夷主義に与《くみ》していませんでした。孝明天皇の手紙に、息子が自分のいうことをきかない、という表現がある。具体的に何とは書いてないのですが、考えられることはひとつ。その頃から攘夷には賛成していなかった。

ですから外国人謁見の種子はすでにあった。それが即位後に花開いたといえるかもしれません。

一方、外国人にとっての天皇の存在感も大きく変わりました。

外国人は明治時代になる前から、日本にミカド（天皇）がいるということを知っています。しかし、ミカドがどういう人かはわからなかった。宗教的な存在だと考えていました。

ミカドは将軍より上だと初めて認識したのは、英国公使パークスでした。その前に日本へやってきていたフランスの公使ロッシュは将軍の方が上だと思っていた。しかし、ミカドの許可が必要だと言われたときに、彼はようやくミカドの方が大きな存在だと気付いたのです。それ以前は、京都のお寺のようなところにいる、政治と関係がない存在だと思われていました。

下田に着いたばかりのハリスが、現地の役人たちに「ミカドはどういう人ですか」と訊くと彼らは笑った。天皇は軍隊を持っていない、よって全く問題にする必要はないとハリスに説明したのです。わざと嘘を言った可能性は否定できません。つまり非常に大切な存在だからこそ、そういう返事をしたとも考えられる。

普通に考えれば、明治維新以前に天皇が非常に大切な存在だと知っている人は少なかった。京都に住んでいる人ならば御所に天皇がいると知っているが、東北や九州、四国の人に天皇はどんな存在だと聞いてもわからないでしょう。

しかし幕末になると、天皇が国政の中心になっているということが一般にも知られるようになる。それは官軍が錦の御旗を持って戦争をしたからです。鳥羽伏見の戦いは、錦の御旗のお蔭で勝ったと考えられます。

## 外国人との謁見

こうして天皇の存在が大きくなると、外国人が天皇の前に現れることになります。

当時、謁見に反対する人間は非常に多くいました。特に女性に多かったようです。奥の女官たちは、天皇が外国人と会うなどもってのほかと泣き叫んで激しく抗議します。なかには、侍医が天皇の発熱を心配しているからと理由をつけて延期を画策した者もいる。しかし、彼はそれを無視して外国人に会っていました。

最初に謁見したのはフランス公使ロッシュとオランダ代理公使ファン・ポルスブロックです。御前に進み拝礼をしたロッシュに、天皇は「貴国の皇帝が健在であることは朕の喜びである。今後の両国の関係がさらに親睦を加え、永久不変のものとなることを願う」と述べた。

二人の直後にさらに英国公使パークスが謁見することになっていたのですが、騎馬で御所に向かう最中に襲われてしまう。外国人が御所に出入りするだけでなくお顔を拝するなど、天皇への冒瀆に他ならない。市中ではそう考えられていたからです。護衛の兵が負傷したものの、パークス自身は無事だったので、この謁見は延期されたのち実現しました。その他、治世の初期に天皇が会ったのはヴィクトリア女王の次男エジンバラ公アルフレッド王子などです。

誰もが謁見できるわけではない。それが許されるには特別な外国人でなければなりません。条件の一つは、自分の国の皇帝、あるいは王に謁見したことがあることです。当時日本のことに一番詳しかった英国人のアーネスト・サトウは、この条件を満たしていなかったので天皇の謁を賜ることは出来ませんでした。一方、英国公使パークスの通訳ミットフォードは、ヴィクトリア女王謁見の経験があったので、明治天皇に会うことができた。

きっと誰かから聞いたのでしょうが、明治天皇は外国人と握手することを非常に大切だと思っていました。天皇が握手することは握手の礼と呼ばれました。日本人と握手することなどありませんでしたから、初めは違和感があったに違いありません。

さらに握手をするとき笑顔を見せなければならないことが、明治天皇には一番難しかったらしい。笑顔を見せることはいかにも不自然だと思っていたにせよ、次第に笑顔を見せられるようになりました。

## 積極的な外国人との付き合い

イギリスの大使が記録を残していますが、外国人との宴会でも明治天皇はたくさん食べていた。よく冗談を飛ばし、宮家以外の人はみな笑っていました。外国人と食事を共にすることも、全く苦にしなくなったようです。

天皇の外国人観において私が感心していることの一つは、大津事件の後に天皇が取った行動です。大津事件とは、明治二十四年に日本を訪問中のロシア皇太子ニコライが、滋賀県大津で巡査にサーベルで斬りつけられた暗殺未遂事件のことです。ニコライはロシア皇帝アレクサンドル三世の長男で、いずれはロシア皇帝となる人物。日本としては、国賓待遇で迎えるべき最重要人物でした。この事件に天皇は大変ショックを受ける。日本が野蛮な国だと思われるだけでなく、ロシアとの戦争に発展するかもしれないからです。

一報を聞いた天皇はただちに、ニコライに病状を案じ早い回復を祈る電報を、またロシア皇帝にも皇太子の負傷を報じる電報を打った。さらにはニコライを見舞うため京都へ向かいます。到着後すぐに滞在先に赴いたものの、深夜の訪問は患者によくないとの理由で面会を断られてしまいます。天皇の要求が拒絶されてしまったのです。

そこで天皇は逆らうことなく翌日再度訪問し、負傷した皇太子を見舞いました。回復後にはぜひ東京を訪れて欲しいと希望するものの、ニコライは本国で心配する母親の命令で、神戸に停泊中のロシア艦で静養することになる。ロシア側の要請で、神戸までは天皇自らが付き添いました。

ロシア皇帝から速やかに帰還するよういわれたニコライを、天皇は神戸御用邸での会食に招待します。しかしニコライは、出かけるのは控えるべきとの医者の意見を聞いて断った。その代わりに彼がロシア艦での会食に天皇を誘います。側近は、ロシア側は必ず天皇を連れ去るに違いないと心配し止めようとしました。ですが明治天皇は、先進文明国であるロシアがそのような野蛮な行為はしない、と考えた。

結局、彼はロシアの誘いを受けて艦上で会食した。それだけではない。ロシア人は食事中にもたばこを吸う習慣があると聞いて、彼も同じように振舞った。要するに、明治天皇は出来る限り外国人を理解しよう、付き合おうとしていたのです。

ただ天皇自身が海外に行きたいと思うことはなかったようです。自分が国を留守にしてはならないと思っていた。ドイツ皇帝ヴィルヘルム一世の九十歳の誕生日を記念する祝典のため、ドイツに訪問する話が天皇の周辺で持ち上がったことがあります。結局、明治天皇は行かなかった。東京を離れることはできないという理由で京都に行かないぐらいですから、海外行幸について明治天皇が具体的に考えた形跡はありません。

明治十四年にハワイ王国のカラカウア王が日本を訪ねたとき、天皇はこの王と握手し、肩を並べて歩きました。カラカウア王は、日本の天皇とは普段、同じ部屋にいることさえできないと知っていたので、神の子と肩を並べて歩くのは大変なことだと、大いに喜びました。

カラカウア王は密談の場で、アジアの同盟を作るべきだという案を天皇に話しました。

アジアの同盟を作って、他国にどんな危害を及ぼそうが、どんな困難をもたらそうが意に介さない西欧列強に対抗したい、そして同盟の中心人物として明治天皇が必要だ、と。

しかし明治天皇は、自分が中心となるような案を清国が承知するはずがないと考え、また難問が山積する国内の状況も踏まえ断りました。すでに明治天皇は、はっきり自分の意見の言える自信に満ちた人物に成長していたのです。

外国人の中で、最も長い会話を交わし、そして一番深い印象を与えたのは、アメリカ前大統領グラント将軍だったでしょう。彼はアメリカ南北戦争の英雄で、その功績により北軍総司令官を経た後、第十八代大統領に選ばれます。その経歴ゆえに、二期に渡る大統領在職中も将軍の呼名で親しまれました。

しかし彼が率いる政府は汚職事件に揺れる。国民から忌まわしい記憶が消えるよう、一八七七（明治十）年グラント将軍はしばらく世界周遊の旅に出ることにした。英国をはじめとするヨーロッパ諸国、エジプト、インド、タイ、清国を歴訪し、そして七九（明治十二）年に日本へやってきます。当時天皇は満二十六歳、グラントは五十七歳。

歳ははるかにグラントのほうが上でしたが、友人のような関係でした。

　グラントは初めて天皇と会った際、天皇が前に進み出て握手をしたことに感動しました。日本の風景の美しさにうたれ、天皇の生活が簡素でつつましいことに好感をもち、費用がかさむからと新皇居建設に反対する天皇の姿勢に感銘を受けます。そして、自分は天皇のためなら何でもする、と応えました。

　最初の謁見の際は形式的な関係だった二人ですが、二度目には打ち解けてコーヒーを飲みながら歓談し、三度目は会談が二時間以上に及んだのです。

　会談の内容はグラントの世界観や忠告が主でした。

　当時、アメリカとイギリスの関係はあまりよくなかったので、グラントはアジアに対するヨーロッパ列強の外交政策を批判します。彼らは侮辱と圧迫以外、アジアに何の関心も持っていない。その外交政策は常に利己的で、日清間の紛争すらも自分たちの利益につながらないかと考えている、と激しく批判した。

　名指しはしませんが、間接的にその中心勢力であるイギリスに注意してくださいと伝えた。イギリス人は外国人をよくだますとか、そういう話をしたわけです。

外債のことも特に警告したようです。国家がもっとも避けなければいけないのが外国からの借金だ、外国が金を貸す目的は威圧、内政干渉して政権を掌握することである、と伝えた。

## 天皇と勲章

明治天皇は、日本人にはなかなか与えないような勲章を外国人には与えています。代わりに、外国人から明治天皇にいろんな勲章が捧げられました。

一番貴重な勲章は、英国のガーター勲章です。英国の最高の勲章で、英国の国王、皇太子や騎士など二十人ほどしか持っていません。他には慣例として、英国国王と同盟をむすんだ外国の王、皇太子などに与えられています。原則としてキリスト教徒しかもらえないはずの勲章でしたが、例外として明治天皇に与えられることになりました。これは東京の英国公使館が大使館に昇格されたのとあわせ、ついに日本が一流国として認められたことを象徴する出来事といえるでしょう。

その奉呈式を執り行うため、ガーター勲章使節団長コンノート公アーサー王子とその一行が軍艦に乗り込み日本へと向かいます。ところが、明治天皇は宮内大臣田中光顕に実は勲章が欲しくないと言い出した。

「朕は英使を受くること厭苦禁《た》へず、卿宜しく措弁して以て其の来航を謝すべし」

これには田中をはじめ周囲の人たちも困った。

「陛下已に一たび之れを諾したまふ、今に至りて之れを謝せんとしたまふも、コンノート殿下は既に本国を発せらるゝの後なり、且此の如きは国際上信を盟邦に失ふものにして、断じて之れあるべからず、今は唯殿下の至るを待ちて之れを受けさせたまふべきのみ」と、天皇を説得しなければならなかった。もう決まったことだから断ることはできない、英国は世界で最も強い国だから勲章をもらうべきだとの周囲の説得で、明治天皇は不服ながらもらうことにしたのです。

これまでも外国人の謁見を受ける前はいつも機嫌が悪くなり、まわりに当り散らすことも多かった。ですが謁見となれば不機嫌な素振りは一切見せず、それどころか相手は誠実な対応に感動してしまうのです。今回の勲章の件も、イギリスだから嫌だというわけではありませんでした。

ただ明治天皇の抵抗は続きます。側近は横浜でアーサー王子の船を出迎えた方がよいと勧めますが、天皇は前例がないと受け付けない。新橋までならと承知するのですが、それでも迎えられた一行は天皇自ら出迎えるなど最大のもてなしを受けたと感激します。

天皇の抵抗は最後まで続きます。ガーター勲章奉呈式の一つの規則として、この勲章をもらうときは他の勲章を付けてはいけないことになっていましたが、どうしても日本の勲章を付けていたいという。結局、代表的な勲章を一つだけ胸につけ受勲しました。自分の国の勲章は、イギリスの勲章に劣らないほど大事なものだと思っていたからです。天皇が威圧されることなどありませんでした。

その反対に明治天皇に勲章を与えたアーサー王子は、その日余りの緊張のためにピンを自分の指に刺してしまい、勲章に血がついてしまった。以前の日本人だったら大変嫌がったでしょうが、明治天皇はただ笑っただけでした。

## すべては国の繁栄のために

明治天皇は外国のものだからとの理由だけで、拒絶することはまずありませんでした。伝統的な学問を重んじ極端に西洋を重視することは喜びませんでしたが、日本のためになるのなら何でも国内で採用しようとした。

たとえば日曜日が公式に休日と定められたのは明治九年のことです。政府はキリスト教への屈服と見られるのを危惧しますが、西洋の先進国と足並みを揃えることを優先します。土曜の午後も休暇としました。

明治天皇が詠んだ歌で、私が好きなものにこういうのがあります。

わが園にしげりあひけり外國《とつくに》の
草木の苗もおほしたつれば

私の庭に外国の草木の苗を植えたら茂ってきた。これは大変象徴的な歌です。昔から日本人は様々なものを海外から輸入してきましたが、攘夷の気運が高まった幕末では、一部の熱烈な攘夷主義者たちが外国のものを嫌いはじめます。

明治天皇の考えは違いました。外国のいい草と木を使えば、日本でも繁茂する。つまり日本という国が栄えるためには、外国のものも必要だというのです。

ある日、天皇が絵の展覧会に行った際に日本画がいいと言ったのは確かですが、だからといって洋画をすべて追い出せなんてことは言いません。青森の小学校を訪問したとき、そこの生徒たちが「ハニバル士卒ヲ励スノ弁」や「アンドル、ジャクソン氏合衆国上院ニテノ演説」などの題目を英語で演説するのを聴いた。また小学校を去る際には、ウェブスター中辞典を買う代金として生徒一人一人に金五円を与えたぐらいです。

## 気にしていた体重

明治天皇はどんな本を読んでいたか。これはよくわかりません。

幼少時に、子供がよく読むような本は確かに読んでいました。しかし大人になってからどんなものを読んでいたかは不明です。ある侍従は、本を読むところを一度も見たことがないと言い、別の侍従は、大変勉強家で外国人が書いたものをしょっちゅう読んでいたと言っています。どちらを信じていいかわかりません。

少なくとも若いころは、乗馬が大好きで、乗馬の時間を減らしてより多くの読書をした方がよい、と側近たちが悩んだのは事実です。

新聞を読んでいたかについても矛盾だらけです。たとえば、侍従の一人は、幾種類もの新聞を取っていて丁寧に読んでいた、外国の新聞にも関心があってときどき見ていた、と書いています。もう一人の侍従によれば、明治天皇は明治二十年頃まで新聞の大見出しを見ていたけれども、以後見なくなったそうです。

というのも、ある新聞に自分の体重が二十貫（約七十五キロ）を越えたと載っていた。体重について非常に神経質だった彼は、ほんとうのことならよいが新聞は嘘を書くからいけない、だから新聞はもう見ないことにした、と言ったという侍従日野西の証言が残っています。

その一方で、明治三十八年に天皇が詠んだこんな歌がある。

**みな人のみるにひぶみに世の中の**
**あとなしごとは書かずもあらなむ**

誰もが読む新聞（にひぶみ）には、世の中のことについてはウソは書かないようにしてほしいものだ、というのが歌の意味するところです。苛々しながらも、時々は新聞を手に取っていたのでしょう。

## 原点は儒教思想

宗教はどうだったか。もちろん、明治天皇は神道を信じていました。尊敬の対象として彼の念頭にあったのは、全ての天皇たちです。特定の天皇ではなく、過去の天皇全体に対して恥ずべきことをしてはならないと考えていたのです。全ての天皇を尊敬していましたが、崇拝の対象は神武天皇や景行天皇といった古代の天皇です。また継体天皇のような、皇室の始祖ともいわれ謎の多い人物を尊敬していたことも興味深い。

神仏分離の時代でしたから、仏教はあまり重要視されていません。むしろ圧迫を受けていましたが、明治天皇は仏教の圧迫に反対でした。京都の泉涌寺《せんにゅうじ》には、明治天皇がいつも身につけていた念持仏が保存されています。

仏教を嫌いではありませんでしたが、どちらかというと神道を信じていました。しかし、日常生活となるともう一つの宗教がありました。儒教、です。

明治四年、熊本から元田永孚《ながざね》が儒教の先生として東京に来ました。朱子学の学者である元田は熊本藩主細川護久の講師でしたが、藩知事が朝廷に提出する建白書の草案が大久保利通の目にとまったことがきっかけで、それ以後死ぬまで天皇に仕えることになります。

元田の儒教は、純粋な儒教というよりも実学です。現在、実学というと、工学や医学などの実際に役立つ学問という意味ですが、当時はちょっと違っています。

当時の実学は、道徳的完成を通して、国家に役立つ人間を作ることを目的としていました。たとえ孔子の言葉を全部暗記したとしても、国のためにならなければどうにもならない、という考え方でした。

知識だけではなく、実行することが儒教の本当の意義だと思われていたのです。

周囲には元田のことを頑固な保守主義者と見る人もいましたが、天皇や側近からの信頼は厚かった。「君徳の大を成すに一番功労のあつたのは元田先生である。明治第一の功臣には先づ先生を推さねばならん」との声もあったぐらいです。

滅多に他人のことを誉めない大久保利通ですら、この人さえ天皇の側にいれば安心だ、と無条件で認めている。

残念ながら彼の存在は現在では忘れられてしまっていますが、どんな著名の側近よりも明治天皇に大きな影響を与えたのは間違いない。

その元田が教えた儒教が、明治天皇に与えた一番大きなものは義務感と克己心でしょう。明治天皇の話をするなら、どうしてもそのことについて触れなければなりません。

# 第三章　己を捨てる

## 明治天皇の義務感

明治天皇はいつも自分を抑えていたという感じがします。それまでの天皇は、義務よりも習慣や先例を重んじていましたが、明治天皇はあらゆる場合において、自分の立場を考えて、どうすべきかを考えていました。

たとえば、あるとき側近の一人が、明治天皇が少し憂鬱そうに見えたので、「どうして京都にいらっしゃらないのですか、京都がお好きでしょう」と訊いたら、明治天皇は「朕は京都が好きである。故に京都へは参らぬ」と答えた。

自分の好き嫌いに従いたくなかった、好きなことをやらないのが美徳だと考えていたのです。楽しみを断る、自分は楽しむために生まれてきた人間ではない、との儒学的な思想です。

自分が京都に行ったら、東京で人々が困る。自分は書類を見なければならない、いろいろ人にも会わなければならない、自分の都合で京都に行くのは無責任だ、と思っていました。自分の仕事、自分のやるべきことは東京にあると信じていたからです。

夏の間、どんなに暑くても、避暑地に行くことはありませんでしたし、冬も避寒地に行くことはありませんでした。日本の各地に明治天皇のための別荘ができていましたが、一度も行ったことはありません。側近が静養を勧めると、天皇はこう応えるのです。朕は臣民の多くと同じことがしたい。天皇は日本人の多くが酷暑、酷寒にもかかわらず働いているのに、自分だけが一人のんびりと静養する気にはとてもなれなかった。

病気に関してもそうでした。天皇が脚気を患った際のことです。侍医たちが再発予防のためには転地療法が一番といい、それを受けて岩倉具視も天皇に、空気のよい場所に離宮をつくっては、とすすめます。しかし彼は、脚気は国民だれもが罹り得る病気だ、私一人なら転地療法も可能だろうが国民全てがそうするわけにはいかない、だから他の予防策を考えよ、というのです。

## 前線兵士を想う

また、明治天皇は内閣の会議には必ず出席していました。議場は夏には耐えがたいほどの暑さになることもありますが、不快を訴えることもなく議事に聞き入りました。とはいえ、一度も言葉を発したことはありません。あとで議長を呼んで質問をすることはありましたが、議事中はただそこにいただけです。それが自分の義務だと思っていたのです。

もし天皇がそこにいなければ、内閣らしい話はなかったでしょう。長い間、内閣を構成する多くの人たちは、戊辰戦争で業績を上げた軍人たちでした。政治などの複雑かつ高度な問題にあまり興味がない者もいます。もし天皇が出席していなかったら、雑談とか猥談とか、いろいろ楽しい話をしたに違いない。しかし天皇がそこにいたために、そういう話はできなかった。大臣らしい行動をしなければならなかったのです。

同じようなことですが、日清戦争のころ明治天皇は広島の大本営に行きました。なぜ広島に大本営があったかというと東京よりも朝鮮に近く、また広島の港が朝鮮に向かう主力部隊の出発地点だったからです。

非常に粗末な木造二階建ての家に明治天皇は住んでいました。一つの部屋を夜は寝室、昼はベッドを片付け執務室にし、食事もここで摂っていました。東京から持っていった机、椅子など以外に家具はありません。壁を飾っているのは八角時計のみ。あまりに殺風景なので、誰かが壁に何かかけてもよろしいでしょうか、と訊くと、明治天皇は、「第一線にいる軍人たちには絵がない」と断りました。

安楽椅子や、冬には暖炉を勧めても同じです。建物の増築が提案されたこともありましたが、自分が楽をするための増築は望まない。軍服を新調してはとの声にも裏に継ぎはぎすることを選ぶなど、戦っている兵士の苦労を思ったら不便などない、という考えでした。すべては兵たちと共にあることを考えてのことです。

広島には七カ月滞在しましたが、その間、明治天皇にはすることがなにもありません。大元帥ですが、軍の指揮に口は挟みませんでした。遊んでいたのではないかと思われるでしょうけれども、しかし、明治天皇にとってはそこにいることが大切だったのです。どんなにつまらない生活であっても、自分が兵と近いところにいることによって、清国にいる兵士たちの心の支えとなり、彼らが力を得るだろうと思っていた。そこにいることが義務だと考えていたのです。

侍従たちは、天皇の身の回りの世話がじゅうぶんにできないというので、「女官を呼びましょうか、あるいは皇后陛下もこられるかもしれません」と言ったら、明治天皇は強く反対しました。「第一線の兵士たちは妻と共にいるか」。第一線の兵士たちにないものを自分が持っていてはいけないと感じたのです。

何カ月か経ってから、やっと天皇の許可が出て皇后は広島に来ました。なんと彼女は寛大にも、天皇の側室である権典侍も引き連れてきます。皇后は大本営の裏にある家に住んでいましたが、一カ月もの間天皇は皇后のもとには行かなかった。そこに皇后がいると知っていても、あえて行かない。第一線の兵士たちと同じような生活をすべきだと思っていたからです。

西南の役では官軍側にも多数の死傷者がでました。天皇は士官などを晩餐に呼び労をねぎらいます。そのなかに腕や指をなくした者、片目を失った近衛士官も含まれていた。彼は一人一人に負傷した場所や日時を聞き、「疼痛既に去れりや」と彼らの傷痕に触れてあげたのです。負傷者はそのやさしさに泣き崩れ、それを見守っていた者たちも涙を流さずにはいられませんでした。

明治天皇は晩年、必ず陸海軍の大学、東京帝国大学の卒業式に出席しています。そのころには階段の昇り降りもつらくなり、軍刀を杖がわりに使いました。出席したからといってなにかあるわけではありません。しかし彼がいたために、卒業生はこれは大変な一日だ、と考えたことでしょう。自分たちが学んだことは決してつまらない使い方をしてはいけない、という責任感を持つようになりました。

明治天皇は戦争そのものは大変嫌いでしたが、軍事演習を見に行くことは好きでした。演習は自分にとって面白かったし、体のためにも良かったからです。

演習についていては面白い逸話が残っています。風雨のなか天皇は得意の馬を駆って視察をしていたところ、お供のものを振り切ってしまう。たった一人の供を連れ道に迷った天皇は、途中会った農夫に観覧に適した場所へ案内をさせる。喉がかわいた天皇のために茶をもってきたとき、すでに多くの供がまわりをとりまいており、農夫はそこではじめて自分が話していた相手が誰だったかを知ったわけです。

また明治四十五年、つまり崩御することになる年の秋の演習統監が計画されたとき、明治天皇はすでに病気でした。最近の健康の衰えに配慮して、一日だけ川越大本営に泊まり、残りの二晩は皇居で過ごす計画がたてられた。ところが、その計画を見た天皇はなかなか承知しません。軍人たちが早く裁可なさってくださいと頼むと、「どうして私だけが宮城内に帰れるか、兵たちは帰れないでしょう、私だけが帰るのはよくない」。結果的に、三晩ともテントの中で過ごすよう改められました。それも自分の義務感からです。

茨城に演習視察に出かけた際は、馬車を降り高地にのぼり、荒れ狂う風雨、時に雪が舞うような寒さの中、演習が終わるまで一時間以上身をさらしたままでした。最高司令官として、不屈の精神の手本を示したかったのでしょう。

## すべては自分の意志で

明治天皇にとって、いつも同じ儀式をすることは実に退屈なことで、なるべくしないようにしていました。そして時々、十分な理由がないのに怒り出したことがありました。一番嫌いなことは、人が自分に相談しないで何かを決議することでした。

たとえば、奈良で軍事演習があったとき、ある侍臣が明治天皇は奈良にいる間に神武天皇のお墓をお参りしたいに違いないと推して、予め計画を立てた。明治天皇はそれを聞いて大変怒りました。今回の目的は演習統監なのだから、神武天皇のお墓参りをする

栃木縣

軍事演習を視察する、勇ましい明治天皇が描かれた錦絵「栃木県大演習之図」。（著者蔵）

とすれば別のときだ、というわけです。本当は行ってもよかった、あるいは行きたかったと思います。しかし、人が自分の代わりに決めることが嫌いだったのです。

軍事演習をいつも楽しみにしていた天皇ですが、熊本で行われた際は気乗りしませんでした。それどころか、現地での宴に出ることを頑なに拒んだのです。

なかなか姿を現さないので、山県有朋が直接天皇に出席を促した。天皇が宴に姿を現さなければ、兵たちはどんなに失望することか。天皇の行動は皆が模範としている。理由もなく宴を欠席なされば、軍の士気は低下し地方の官民は落胆する。ひいては天皇の聡明さを疑うことになりはしないか。

天皇はその言葉を遮り、怒りながらこう応えます。私に熊本に行きたいかどうか尋ねた者はない、行かないと兵の士気にかかわると熊本行きを勝手に決められた、コレラが蔓延しているので食事に気をつけろという話だったのに、その気をつけろといった食事の場に今は出ろという、私を弄んでいるのか。

天皇は妥協して宴会場には行きましたが、一同に会釈をしただけですぐ帰ってしまいました。

大臣たちが行幸を勝手に決めたこと、自分の意向に関係なく宴への出席を強要する山県、さらには自分を諭すにあたっての慇懃な言葉での指図。これらすべてに、天皇は気分を害したことは間違いないでしょう。

これらに比べると些細な例かもしれませんが、ある時、彼が乗る予定の馬車の幌を、侍従が気をきかせて開けておいた。すると、勝手に開けたことが意に添わなかったのか、天皇は元に戻すよう指示したこともあります。

数少ないですが、いわゆるわがままで意志を押し通した例があります。

自分の母親、英照皇太后の葬儀に参列できなかった天皇は、後日京都のお墓を参拝します。それから四カ月以上にわたり皇后とともに京都に滞在、ついに東京に戻る日のことです。天皇は名残惜しかったのか、御召列車の出発時間を急に二十分遅らせようとしたのです。役人から時刻の変更は難しいといわれた彼は、そもそも特別に用意された列車なのにどうして変更できないのだ、と怒り出してしまった。おそらく、後日天皇はこのことを後悔したはずです。

## 富士をはじめて見た天皇

彼が幼少以来はじめて御所を出たのは、元服を済ませてまもなくのことです。それまで将軍の京都宿所であり、いうなれば幕府の象徴だった二条城に朝議のため行幸したのです。そこでは徳川慶喜ら賊徒の討伐などが話し合われました。

即位の礼を終えた明治天皇が、まず取り組まねばならなかったのが「東京行幸」です。長年続いた幕府が崩壊し、このまま忘れられてしまうのではと心配する東京（江戸）の民衆たちは天皇の行幸を熱望した。徳川幕府が倒れ、いわば主人を失い途方に暮れていたからです。

その一方で、逆に京都の人々は、この東京行幸が東京遷都につながるのではないかと心配します。また朝廷内にも時期尚早との慎重論があった。いまだ東北地方が完全に鎮圧されていないから危険だという考えです。また膨大な出費を危惧するものもいました。しかし、天皇の威光を知らない江戸の民衆の心を摑む絶好の機会、と説いた江藤新平や岩倉具視の意見もあって、ついに東京行幸が決定されたのです。

即位の礼からわずか一カ月後の明治元（一八六八）年九月二十日、東京へ向けて出発した初めての行幸は総勢三千三百人以上にものぼりました。道中、明治天皇は老人や病人、生活に困っている人々に施しを与えたりしたため費用は莫大になりました。

行列が東海道を進む中で、明治天皇は数々の経験をします。熱田を過ぎたあたりで、天皇は輿を止めて米を収穫する農民の姿に見入った。同行した岩倉が、その農民から稲穂を取り寄せて天皇に渡したところ、農民に菓子を与え労をねぎらいました。

現在の湖西市白須賀にある汐見坂から、明治天皇は初めて太平洋を見ました。天皇が太平洋を見たのはおそらく日本史上はじめてのことでしょうが、残念ながらその時の反応はわかりません。その後、船で浜名湖を渡り、天竜川では船橋を渡り、大井川では天皇のために板橋が架けられます。

そして、この行幸での天皇の最も感慨深い出来事は富士山を仰ぎ見たことに違いないでしょう。いたく感激した彼は、東京到着までに富士を歌に詠みこむよう供の者に命じたほどです。箱根では地元の射撃名人が鴨を打ち落とすのを、大磯では地引網漁を見たりして、一行は二十日余りをかけて東京に到着します。

品川で出迎えを受けた天皇一行は増上寺で休憩し、そこで天皇は遠出用の板輿から鳳《ほう》輦《れん》に乗り換えた。何万という民衆が沿道で感激し迎える中、芝から新橋、京橋、呉服橋見附を経て、和田倉門から江戸城に入りました。そしてこれより後、江戸城は皇居となり、東京城と呼ばれることになったのです。

後日、天皇は今回の行幸の祝いとして、東京の民衆に三千樽近い酒をふるまう。さらにするめや錫製の徳利など、お金にすると一万五千両。東京市民は二日間にわたって家業を休み、東京到着をお祝いします。

二カ月ほど滞在した天皇は、翌春再び戻ることを約束し東京を後にしました。

## 京都か東京か

二回目の東京行幸の際は、沿道での歓迎を簡素にするようにと布告されます。お供の人間には、往来の邪魔をしない、農作業に支障をきたすようなことはしないことが命じられました。国民のありのままを見ることが重要と思ったのでしょう。

今回の行幸の大きな特徴は伊勢神宮参拝です。明治二年三月七日、京都を旅立った一行は東海道から伊勢街道へ向かいます。そして歴史上はじめて、天皇が伊勢の外宮、内宮の両大神宮へ参拝したのです。

行幸自体は何の問題もなく成功しました。しかし再度の東京行きゆえ、京都の人々が東京遷都を心配し始めます。岩倉が、今後も遷都はあり得ない、と説明して一度は不安も治まりますが、天皇だけでなく皇后も東京を訪れる計画があると知り大いに動揺するのです。

その後、京都に戻るとされた期日は延期され、京都で行われるはずの大嘗会が東京で行われることになります。大嘗会とは、天皇が一代に一度だけ行う大変重要な儀式。それを京都ではなく東京で行うという。さらには帰京が数年遅れること、宮廷の機能を東京に移すことが発表された。

明治二年に東京を訪れてから以後八年もの間、九州巡幸の合間に数日滞在したのを除けば、明治天皇が京都に戻ることはありませんでした。

東京遷都が正式に発表されたわけではありませんでしたが、天皇が京都へ戻ることを、御所に帰るという意味の「還幸」ではなく、御所から外出する「行幸」と次第に表現するようになっていきます。

皇居だけでなく、政府の殆どの機関、外国公館が居並ぶ東京は、すでに日本の首都として万全の機能を果たしていたのです。

## 苦痛に耐えての巡幸

明治九年の東奥巡幸では、天皇ははじめて田植えを目にします。男は白だすき、女は赤だすきと、ハレの衣装を身につけ、田植歌を歌っている。すっかり魅せられた天皇は、行列を待たせ長い間この風景を楽しみました。

日光東照宮訪問にしても、徳川幕府との関係からすれば躊躇しても不思議はありませんが、そのようなことは全くありません。それどころか徳川家伝来の由緒ある建物に感動し、保存のために資金を提供します。

彼は行く先々の名物を視察し、農民たちの歌を聞き、由緒ある品々をながめ、近代的な工場を訪れた。小学校を訪問しては、子供らの暗唱を聞き、成績優秀な生徒には辞書や地図を贈りました。

巡幸は、こうした記録を読むとなんとなく楽しそうです。いろいろ景色を見ることができたし、珍しいものを食べることもあったでしょうから。

ですが具体的に考えますと、巡幸は一種の拷問でした。道中ずっと窮屈な輿（鳳輦）の中で正座することほど、苦しいことはないはずです。

夏ともなれば、輿や馬車の中は、とても暑くなりました。明治天皇と一緒に馬車に乗っていた侍従は暑くてたまらないので、許可を得て歩きました。しかし、明治天皇は歩くことができない。天皇だから降りることができないのです。どんなに苦しくても、ずっと乗りつづけていました。

目的地に着いたら、誰でもそうですが、独りになりたい、人に見られないところでゆっくりしたいと思うでしょう。けれども、明治天皇にはできませんでした。まず歓迎があります。村長や学校の校長などからの挨拶が延々と続きます。

その次は、地方の特産物を見なければなりません。あるいは古文書も見なければならない。それぞれに伝わる逸話についても説明を受けなければならない。明治天皇は大体午前二時まで寝ることができませんでした。そして起きるのは朝の五時。

巡幸中のある日、寝ようとした際、蚊の大群に襲われたことがありました。侍従が蚊帳に入るよう進言すると、天皇は、一般の民衆には蚊帳がない、自分は一般の民衆と同じような体験をしたい、貴族のように立派な蚊帳の中にいては民の気持ちなどわからない、蚊に襲われることがないような巡幸は本当の巡幸ではない、と答えた。

巡幸の目的はなんだったか。私に言わせると、それはまず天皇の教育のためだったと思われます。明治天皇の父だった孝明天皇は、日本を全然知らなかったと言ってもいいし、興味もありませんでした。自分の意志で御所の外に出たのは、賀茂社や石清水八幡宮などへの攘夷祈願の行幸ぐらいです。それゆえ賀茂行幸の際は、天皇を垣間見る千載一遇のチャンスとばかりにものすごい数の人が沿道を埋め尽くしました。

しかし、明治天皇は自分の国がどういう国なのか、職業にはどういうものがあるのか、知らなければならなかった。明治天皇は、東京行幸に出かける前までは、田圃で農民がなにをするか、漁師が海でなにをするか、見たことがなかったのです。

明治天皇は東京行幸を皮切りに、北海道から、四国、九州まで、あらゆる地方を訪ねています。一連の巡幸は有史以来の長い旅行でした。明治天皇以前に、富士山を見たことのある天皇も、伊勢神宮を見たことのある天皇もいません。すでに述べたように、田植歌を口ずさみながら働く姿に魅せられ、行列を待たせたまま長い間田植え風景を楽しみました。行く先々では小学校を訪問し、教室内の授業だけでなく外での体操なども観覧しました。数百の漁船が夕暮れの海上で火を点じて漁をするのを眺めました。

逆に考えると、国民が明治天皇を見ることも大切でした。天皇が実在するということを知る必要があったからです。

当時、民衆の多くはまだ、日本という国家よりも藩に対して強い帰属意識を持っていました。だから、日本はどんな藩よりも大きい、天皇はどんな大名よりも権威があるということを、一般の民衆に教えなければならなかった。

最近のある学者は、巡幸の目的は民を脅かすことだったと言っています。つまり天皇はどんなに強いか、あるいは天皇はいつも国民を見ているから注意しなさい、と知らせることだったというのです。

しかし、そうでしょうか。明治天皇の巡幸は、他国の王のものとは全然違います。たとえばフランスのルイ十四世もフランス国内を巡幸しましたが、いたるところで権力の象徴として、彼の乗馬姿の銅像が作られました。さらにはカトリック信仰を擁護する姿や、戦争を勝利に導いたルイ十四世を飾り立てて描いた絵画もあるし、よきイメージを国民にもたせるために作られた音楽、戯曲まである。

一方の明治天皇は亡くなるまで、一度も銅像を作らせませんでした。他の皇族の銅像は上野公園などにありますけれども、明治天皇のものはない。これは世界的に見ても不思議です。

お札にも明治天皇の顔は登場しない。金貨とか銀貨とかにも天皇の顔は見えません。切手にもない。自分を人に見せようといった、そういう意思はほとんどありませんでした。ヨーロッパの王様とはきわめて対照的です。

明治天皇に対する日本国民の尊敬の念は、ルイ十四世のような故意に美化された理想像から生じたものではありません。彼の長い治世の間に自然と培われた感情なのです。

# 御真影の謎

明治天皇は極端に写真が嫌いでした。生涯で許した写真は二点しかありません。二点とも二十歳前後のものです。一つは伝統的な宮廷の衣装を着てまだ髭のない姿、もう一つは初めて洋服を着るようになってからの軍服姿の写真です。以来、この西洋風の軍服が彼の好む服装となりました。『明治天皇紀』によれば、明治四年に天皇が横須賀を訪れた際に随伴者と記念撮影をしたのが最初の写真のようですが、数年前に海外で発見されています。

そうすると御真影はどうでしょうか。じつは御真影は写真ではありません。写真のように見えますけれども、イタリア人画家エドアルド・キョッソーネが描いた絵なのです。天皇が三十なかばになっても、肖像写真は先ほどの二十歳頃のものでした。外国からのお客様に配るためには、最近の肖像写真がないと不都合です。伊藤博文が宮内大臣時

エドアルド・キヨッソーネによって描かれた明治天皇の肖像画、いわゆる「御真影」。（宮内庁蔵）

代に何度も撮影をお願いしますが、明治天皇は大の写真嫌い。どうしても、写真を撮らせてはくれません。

そこで、側近たちが考えたのが肖像画です。当時の写真撮影は長い時間と多くの照明が必要でしたから、気付かれずにこっそりと撮影することは出来ません。そこで明治二十一年、印刷局に雇われていたキョッソーネに、ひそかに天皇の顔を写生させることにしました。陪食の際、キョッソーネはふすまの陰に隠れ、そこから天皇の顔、姿勢、笑う表情などを細かに描き写します。完成した肖像画は写真撮影されました。

天皇にはなんの相談もなく進めたので、見せたときの反応が心配です。彼は写真を見ても無言でいいとも悪いとも言いませんでした。ですが後日、外国貴賓に渡すための写真にはすんなり署名しましたから、実は気に入っていたのでしょう。

これ以降、この肖像画をもとにした写真が広く配られ御真影となったのです。

同じ時代に、写真のない人物がもう一人います。西郷隆盛。当時、多くの人は写真を撮られることが非常に好きでした。お金を出しても撮ってもらっていた。しかし天皇も西郷も極端に嫌いでした。どうしてかという説明はないのですが、魂が奪われると思っていたのかもしれません。

ところが、錦絵の中に、明治天皇は頻繁に出てきます。当時、最近の出来事を題材にしていた錦絵は大変人気があり、安いものでは、二、三銭で売っていました。

サーカス、競馬場、あるいは気球を上げる場所で、観覧している明治天皇が描かれています。ただし、絵を描いている人は明治天皇の顔は知りません。見たことがない場合がほとんどです。しかし、こういう顔だろうということで、描いていました。それについて、明治天皇に何も文句はなかったようです。

「そういう楽しみがありましたら、どうぞ」という軽い気持ちで、錦絵を許していたようです。これは大変面白い。

錦絵から、もう一つのことがわかります。明治天皇の楽しみは大体国民と同じだったということです。花火大会にしても、明治天皇も同じように喜んでいました。

国民にないような楽しみもあることはありました。たとえば蓄音機が好きでした。国内の博覧会で見たこの発明品が気に入り、買い求めたものです。蓄音機で軍歌を聴いたり、それにあわせて歌うことを大変楽しんでいます。

あるいは晩年でしたが、映画鑑賞を何よりも楽しんでいたようです。当時の映画は決して上等なものではありませんでした。大体、ふざけたもので、明治天皇もきっと笑って楽しんだのだろうと思います。

# 第四章　卓越した側近に支えられて

## 贅沢嫌いのダイヤモンド好き

明治天皇の人間像には数々の矛盾があります。

たとえば明治天皇は贅沢が非常に嫌いでした。

明治六年、女官の火の不始末による大火災で、皇居のほとんどが焼けてしまいます。応急的に元紀州藩邸、当時の赤坂離宮が仮皇居となりました。旧江戸城に代わる新皇居の建設が必要と側近たちは考えるのですが、天皇はそれを許さなかった。その資金がない、今のところで十分だ、どんなに窮屈であってもかまわない、と彼はいつも言っていました。そのため新皇居完成までの十数年間をそこで過ごすことになります。

最終的には自分の意見を譲りましたが、それは日本の面子のためでした。つまり外国人がやってきたとき、小さくて不便な宮殿を見たら、日本を軽んじる可能性があると気づいたのです。

明治三十五年、後に大正天皇となる皇太子・嘉仁《よしひと》親王のための東宮御所が建設されつつありました。その建設予算があまりに巨額なので天皇は仰天します。その費用は五百万円で、当時としてはあまりの巨額です。質素を好む彼は頑丈であればよく、贅沢はするな、今後造営費の増額は一切許さない、と厳しく命じました。東宮御所は七年後に完成し、後に赤坂離宮（現在の迎賓館）の名で知られることになります。

ですが明治天皇が生きている間は、皇太子も含め誰にも使わせませんでした。完成した宮殿の写真をみた天皇が、贅沢だと怒ったからです。

明治天皇は、節約をすべきだといつも言っていました。接ぎを当てた軍服を着ていたこともあります。穂先がちびた筆を使い、小さくなった墨を使いつづける。靴の裏に穴ができた場合はそれを修理に出しました。ある時、侍従が、実は修理代よりも新しい靴のほうが安いと言ったのに対して、明治天皇は、かまいません、修理すれば使えるものは修理してください、と答えています。物を捨てることはよくない、と考えていました。いかにも儒教的な考え方です。彼の倹約ぶりのため、蠟燭で煤け黒ずんだ宮殿のカーテンや障子もそのままでした。

ただ、面白いことに日野西の回想録によれば、フランスの香水は大好きでした。香水一瓶を三日で使っていたそうです。三日で香水を一瓶。どんな風に使っていたのでしょうか。

ダイヤモンドも好きでした。ダイヤの指輪に数千円、時には万を超すような出費もあったようで、侍従たちは困ってダイヤモンドを売るような店に明治天皇がなるべく近寄らないように配慮していました。

ダイヤモンドを買って、いったいどうしていたのでしょうか。女性にプレゼントしたのかもしれませんが、よくわかりません。

## 天皇を取り巻く女性たち

明治天皇の伝記を書いていたとき、しばしば人から尋ねられることがありました。天皇の性生活はどんなものだったのか。誰でも一番知りたいことのようです。

天皇と皇后の結婚は幸せなものでした。天皇はつねに皇后のことを気遣いこそすれ、暴君のようにふるまったことなど一度もありません。

しかし結婚して間もなく、皇后には子供ができないことがわかりました。これでは後継者を産むという、天皇の配偶者としての最も重要な役割が果たせません。そのために宮中でお飾り的な立場に置かれたことは、皇后にしても大変不本意なことだったでしょう。

もし天皇に子供がいなかったら、大変困ったことになる。新しい時代になり、さまざまな変化のある中で、もし天皇に子供、特に男の子がいなければ、大変むずかしいことになる。ですから、仕方なく、あるいは積極的に望んだかもしれませんが、側室が必要でした。

彼女たちは権典侍と呼ばれました。天皇の着替えや入浴など、身の回りの世話をするのが仕事です。それ以上に重要だったのが夜の務め。彼女たちは交代で天皇の寝室に仕えます。その日の担当を決めるのは天皇ではなく女官長で、今日はあなた、と告げるのです。

権典侍は特殊な職務ですが、公式に認められたもので、いずれも高位の貴族の娘たちでした。ただし、教養はそれほどなかったように思います。というのは、彼女たちが書いた手紙を見ての私の判断です。一般の女官とは違い、皇居内の自室を出ることさえまれで、日を浴びることもないので顔が青白い。ひたすら皇子皇女を出産することだけが望みでした。

天皇の関心を引こうと、彼女たちの競争意識は大変なものです。運良く子供を産んだとしても、その子供は公式には皇后の子供となる運命。母親の喜びなど味わうことはできません。ただし、生みの親として宮廷で高い位を与えられ、数々の恩恵に浴することはできた。万が一、子供が死んでしまったとしても、一生生活の安泰は保証されます。ちなみに、孝明天皇の生母は権典侍正親町《おおぎまち》雅子、また明治天皇の生母も中山慶子という権典侍です。

多くは十五歳、十六歳で明治天皇の側室になりました。護国寺にその一人、橋本夏子のお墓があります。夏子は十二歳という若さで側室である典侍に任じられました。四年後十六歳で女児を死産、本人も翌日死にました。明治天皇満二十一歳の時です。

この二カ月前に、天皇にはじめての子供が生れています。葉室《はむろ》光子が男児を出産したものの、皇子は同日死亡、光子も四日後に亡くなりました。

天皇に女性の好みがあったかどうかはわかりません。仮に彼が嫌いな側室がいれば夜の務めを解かれたでしょうが、そういうことはなかったようです。出産したいずれの側室も、宮中で特に目立つというわけではなかった。

なかでも園祥子《さちこ》、小倉文子《ふみこ》という二人の権典侍は、他の女性たちより長く天皇に仕えました。園は最後の八人、皇子二人皇女六人を産み、内四人の皇女が成人して明治天皇より長生きしています。一番親しかったのでしょう。それゆえ、側室が普通は出ないような会にも出席しています。写真を見てもそれほど美しいというわけでもなく、彼女のなにが天皇を引きつけたのかは、理由がわかる逸話も残っていないのでわかりません。

柳原愛子《なるこ》は美しかっただけでなく、例外的に知性もあり、奥の人望を集めるほどの存在でした。彼女は三人の子供を産み二人は死亡しましたが、残る一人はのちの大正天皇となります。

明治天皇が結婚前に性体験があったかどうかは分かりません。しかし、当時の風習を考えれば、あったとするのが自然でしょう。放蕩は歴代天皇の伝統的特権だったからです。

しかし大正天皇は結婚するまで女性と関係を持たなかった。明治天皇が禁じたからです。それについてあるドイツ人の医者が、東洋の習慣に反して、と書いています。また大正天皇の時代には側室という制度もなくなりました。

柳原愛子は、天才浮世絵師・月岡芳年に
よっても描かれた。
**「美人七陽華　正五位 柳原愛子」**
（西井正氣コレクション蔵）

## 皇子皇女の高い死亡率

明治天皇には、五人の側室から十五人の子供ができました。そのうち満三歳まで生き残ったのは五人にすぎません。大変不思議なことです。

当時の農民でしたら、十五人の子供がいたら大体十人から十二人くらい生き残りましたが、天皇の子供だけは生き残ることが少なかった。仁孝天皇の皇子皇女十五人のうち、三歳以上まで成長したのは三人だけ。兄の皇子たちが死亡したため、四番目の皇子だった孝明天皇が皇位を継いだのです。その孝明天皇にしても、皇子皇女六人のうち父親より長生きしたのは明治天皇ただ一人でした。

理由はいくつか考えられます。側室たちがとても若かったからかもしれないし、あるいは、前近代的な宮殿が衛生面で優れていたわけではないのに、生まれたばかりの子供をすぐにいろいろな人に見せなければならず病気になりがちだったからかもしれない。

八人の子供は慢性脳膜炎の犠牲となり亡くなっています。生き残った男子は一人だけでした。後の大正天皇です。しかも、大正天皇が生まれたときに、生き残るはずはないと、みんな思っていました。誕生した際から全身に発疹があり、痙攣なども併発。その後もしょっちゅう病気をしていたからです。

他の皇女らが厳しくしつけられたのとは違って、病弱ゆえ酷暑、酷寒の季節には東京を離れるなど大切に育てられていきました。

## 唯一の皇子

明治天皇が皇女に対して非常に冷たい態度を取っていたのは不思議です。皇女に贈る着物の色や柄など細かい点にまで自らが指図するほど気を使うのに、長いときには一年もの間会わないこともありました。いくら多忙とはいえ、数少ない生き残った子供たちには会いたくてたまらないはずで、もっと可愛がってもいい。

皇女の一人も、父親が笑ったことは一度しかない、自分の息子がいたずらした際に笑ったただけで他に一度も見たことがない、とある雑誌で思い出話を語っています。

皇女の養育係が、彼女たちの冬の東京からの避寒を天皇に相談した際も、それを許しません。女子は結婚すれば、嫁いだ家の家風に順応しないといけない。嫁いだ家が、寒いから暑いからといって居を移せるほど裕福ではないかもしれない。もし娘らが夏冬ごとに郊外で過ごすことが習慣になれば、それを変えることは簡単ではない。健康を考えても、それに堪えることを学ぶ方がよい、と譲りませんでした。

おそらく明治天皇は、家族に対する感情に左右されてはならないと考えていました。自分は日本人全てにとっての天皇であるから、四人の女の子だけに特別な愛情を注ぐことは非常に見苦しいことだと思っていた。愛情が不足していたというよりは、むしろより冷たく接した方が儒者の態度として適切であると考えていたのではないでしょうか。

ただし、嘉仁親王だけは別です。唯一の皇子であり、また病気がちゆえ、腫れ物に触るかのように大切に育てられた彼は非常にわがままだった。窘《たしな》める人もなく、やりたい放題です。信じられないほど悪い子供でした。

教育係だった湯本武比古が習字を教えていると、嘉仁親王は「湯本モウ可《よ》いぞ」と言う。湯本が「否モウ少し御習ひ遊ばさねば不可《いけ》ませぬ」と応えると、朱をいっぱい含ませた筆を湯本に向かって投げつけた。「一張羅《いっちょうら》の然《しか》も新裁のフロックコートの胸に」あたって、大きなシミができてしまった。こんな子供は手に負えないと、湯本はもう辞めたいと願い出ましたが伊藤博文に止められています。

彼は湯本を呼び捨てにしていました。こうしたことを耳にし怒った明治天皇は、湯本を先生と呼ばせ、先生の指示があるまではみだりに席を離れないようにさせます。

## 明治天皇と嘉仁親王

病弱ながらも、嘉仁親王が天皇の後継者となる可能性が大きくなっていきます。明治天皇にすれば皇位継承者が育つ安心感とともに、唯一の皇子が自分の幼い頃とは違って健康でも活発でもないことが残念でならなかったことでしょう。

嘉仁親王は学習院に入学し、他の生徒と机を並べます。天皇は、皇太子には正規教育を受けさせることが必要と考えました。次代の天皇は、日本と中国の歴史、文化だけではなく、西欧の事情にも通じていなければならない。

皇位継承者としては初めて一般教育を受けましたが、病気を理由に途中で早退することが多かった。教育よりも健康状態が優先されたのです。また、皇太子がとりわけて勉強熱心ということもありませんでした。

それを補うために個人教師が付いていましたが、一番優れた教師は漢文の先生だった。嘉仁親王もよく漢詩を作っていた。明治天皇が子どもの頃、和歌を作っては父親である孝明天皇に見せて手ほどきを受けるのが日課でした。しかし、明治天皇は自分の後継者の教育に直接携わることはなかったようです。

彼は冷たい父親を怖がっていたに違いない。近くにいると不愉快になるのでなるべく避けていたのでしょう。頻繁に葉山や沼津の別荘に行っていました。後年も、ほとんど強迫観念のように東京を忌避するようになりました。

明治天皇が息子とどれくらいの時間一緒に過ごしたのかはわかりません。親密さを窺わせるような記録が残っているのは、わずか一日だけです。日清戦争当時の明治二十七年十一月、広島に御座所を移していた明治天皇のところに嘉仁親王が訪問したのです。二人は一緒に天守閣に上って広島全景の眺望を楽しみ、御座所で午餐を取りました。かねてより息子に対する愛情に欠けるところがあると心配していた側近たちは、この日の天皇の態度を見て喜びました。しかし、結局皇太子の広島訪問中に午餐を共にしたのも残念ながら都合三回だけでした。

皇太子が数えで二十歳になったとき、伊藤博文は議会の傍聴を勧めます。成人に達し、政治や軍事の問題に精通する必要があると考えたからです。自らの責務を感じたのか、その年の六月に初めて各国公使を引見し、握手を交わし言葉をかけました。

その一方で、まだまだ天皇が息子を諭す必要もなくなりません。皇太子が、側近を役に立たないから罷免したい、という思いを他に漏らしたのです。天皇は、そのやり方のまずさを叱った。

側近の回想録で触れられているように、皇太子はきまぐれで気難しい人でした。その西洋かぶれぶりには天皇も困惑するほどで、伝統的な学問さえまだまだなのに、会話の中に意図的にフランス語を挟んだりするのです。天皇は、皇太子がフランス語の学習をはじめることを、まだ早すぎるとしてなかなか許可しませんでした。

皇太子の陸軍歩兵少佐、海軍少佐への昇進を、天皇が認めず一年待たせたこともある。天皇は翌年には譲歩したものの、昇進に値する十分な経験を伴っていない、と厳しい目でみていました。ただ一つ喜ばしいのは、この年を境に皇太子の健康が回復をみせたことでしょう。

明治四十年に韓国の皇太子李垠《イウン》が日本へ留学に、実質的には人質として来たとき、明治天皇は彼に特別な愛情を示します。国際儀礼上、外国の皇太子に対して自分の子供たち以上の深い思いやりを示したのかもしれません。

翌年の正月、李垠のために、天皇は玩具運動馬、銀製錨置物各一個を、皇后は流金仏国製人物附置時計を贈りました。これらは、通常両陛下から臣下たちに年齢、好みに関係なく贈られる鮮魚やお酒などとは違って、明らかに十二歳の子供を喜ばそうと意図されたものでした。

例によって東京の寒さを避けて葉山で静養する皇太子とは違い、天皇にとって李垠は満足できるような子供でした。この子こそ自分が欲しかった息子だといつも思っていたに違いありません。

## ご落胤の存在

記録に残されている以外に明治天皇と女性との関係があったかということになると、よくわかりません。現在、自分は実は明治天皇の私生児の子供だ、私生児の孫だという人が、かなりの数いますけれども、みんな怪しい。証拠が少ないのです。

もし権典侍以外の女性との間に子供ができたとしても、明治天皇は秘密にすることとなどなく大いに喜んだはずです。隠している理由は何もありませんでした。

いつだったか、私のところにカリフォルニアから電話がありました。カリフォルニアに住んでいる九十九歳のおばあさんが、実は明治天皇と韓国の姫との間にできた子供だというのです。しかし、私が調べたところ、明治天皇は一度も韓国に行ったことはないし、韓国の姫が日本に来たこともない。これはちょっと証明しにくい話だと思いました。

明治天皇が巡幸に行ったときに、宿でお伽《とぎ》の女性がいなかったかどうかということになると、まったくわかりません。そういうことがあったとしても、たぶん珍しいことだったでしょう。

天皇には、側室として六人もの公家の娘がいました。側室の代わりもたくさんいます。つまり、他の女性に目を向ける必要などないのですから。

日清戦争に勝利し、平和が戻ったとき、侍従長が天皇に側室の増員を勧めたことがあります。国民は後継者である男子が少ないことを心配している、側室の数を増やし多くの男子に恵まれることが国のためだと助言するのですが、天皇にはまったくその気がありません。

天皇にとっても、後継者の問題はもっとも重要な問題のはずです。ですが、だからといって「大奥」を望んだわけではありませんでした。

## 天皇が好きだった大久保利通、伊藤博文

明治天皇もある意味では普通の人間なので、好きな人物、嫌いな人物がいました。

大久保利通は、当時の政府内ではずば抜けた才能の持ち主です。またそれゆえ最高実力者として天皇からの信任も厚かった。当時の明治天皇がそうであったように進歩的な考えをもつ人物でした。ただし右翼からは征韓論を潰し西郷を死に追いやった張本人とされ、左翼からも保守主義だと指弾されてしまいます。

大久保利通の暗殺は、天皇にとって大変ショッキングなことでした。「最も頼みにし

ていた臣下を失ってしまった。国にとってもこれ以上不幸なことはない」と大久保の死を悲しんだ。その死は海外からも惜しまれます。近代日本史上で初めての国葬といってもいいほどの盛大な葬儀が行われました。彼の死は日本にとって悲劇的なことでした。

明治天皇が一番信頼していたのは伊藤博文ではないでしょうか。彼は非常に頭がよく、大久保の死後その地位を引き継ぎます。一を聞いて十を知るようなところがありました。アメリカや英国の民主主義よりも、むしろドイツのような君主国家が望ましいと考えます。外国崇拝はしていませんが、外国人に会うことは厭わなかった。

明治天皇のバランスのとれた外国観がどのように形成されたかは定かではありません。しかし、推測するに伊藤博文が影響を与えた可能性は極めて高い。初代韓国統監として宮廷有力者を粛清、皇帝を退位に追い込み、また様々な条約を強要するなど、彼が韓国に行った行為は決して正当化されるものではありませんが、根本的に韓国人を嫌っていたわけではなく韓国併合には反対の立場でした。

様々な面から、彼は決して理想的な人物ではありません。ですが、明治天皇がもつ外国観に影響を与える人物がいるとすれば、伊藤以外に適当な人物は思いつきません。

また伊藤は、ある意味で明治天皇と同じコースを歩んだといえます。両者の共通点は、まず若いときに非常に進歩的な空気のなかで育ったこと、攘夷的な考えを持っていなかったこと、そして晩年は保守的な考えに傾いたことです。

## 西郷隆盛の魅力

西郷隆盛も天皇の好きな人物の一人でしょう。ただ私をはじめ外国人にとって、西郷という人物はどうも理解しにくい人物です。なぜ日本人にこれほど人気があるのか。日本人で彼の名を知らない人はまずいない。

たしかに江戸城開城の際は手柄を立てます。しかし、彼のお陰で薩摩が立派なところになったとはいえない。にもかかわらず、彼の銅像が上野公園に建っているのは不思議なことです。西郷は反乱を起こし官軍と戦ったわけですから、外国人の理解からすればまずもって国賊です。九州の戦場跡をまわったある英国人などは、どうして彼が偉いと思われているのか分からないと書いている。若いときは別にして、私も後年の彼の行動についてはあまり感心できません。彼の書いた漢詩もそれほど魅力的ではない。

西郷の最期はどうだったかと訊けば、おそらく多くの人は切腹と答えるに違いない。彼が切腹する直前を描いた錦絵もあるぐらいです。ですが実際には、西郷にはこのとき既に右手に力は残っておらず切腹はできない。それなのに錦絵では切腹する姿が描かれているのは、英雄には切腹がふさわしいとの考えがあったからでしょう。

しかし、実際に会えばおそらく大変魅力的な人物だった。どんな人が会っても、特別だと思わせる何かがあった。明治天皇もまた彼の魅力を感じた一人だったのでしょう。そうでなければ、明治天皇はもっと早く西郷率いる賊軍を撃滅せよと命じたはずです。それがなかなか命令を下さなかったのは、長く側近として仕えてくれた臣下の心中を思いやり深く憐れみ、それゆえ決断が辛かったからだと思います。

外国人からすれば、天皇のこういった感情はいたって不思議です。信頼していた臣下が反乱を起こせば、ヨーロッパの君主なら激怒するに違いないからです。しかし、明治天皇は西郷に対し憐憫の情を持ちつづけます。

一方の西郷にしても、天皇に不満を抱いていたわけでは決してない。最後の内乱である西南の役をおこした西郷や鹿児島士族にとって、その目的は天皇が周囲から悪い影響を受けることなく国を統治できるようにすることでした。

明治天皇と西郷の間にどれくらいの付き合いがあったのかは分かりませんが、友人のような関係だったと思います。

二人の親密さを物語る有名な逸話が残っています。天皇が軍事演習にともない野営したときのことです。その夜、設営された天幕が倒れそうなぐらいの悪天候に見舞われてしまう。天皇の安否を気遣って駆けつけた西郷にたいして、天皇は平然と「雨漏りに困っているぐらいだ」と答えたといいます。

西郷の死の翌日、天皇は皇后に西郷を題に歌を詠ませた。

薩摩潟しづみし波の淺からぬ
　はじめの違ひ末のあはれさ

求めに応じて皇后が詠んだ歌です。

明治三十五年、天皇は特別大演習統監のため熊本を訪れます。天皇を乗せた列車が田原坂を通過した時に歌を詠んだ。田原坂は官軍と西郷軍の激戦地です。

もの丶ふのせめ戰ひし田原坂
　松もおい木になりにけるかな

この歌は、熊本行きに従う乃木希典《まれすけ》に贈られた。乃木は田原坂での激戦で奮闘していたからです。天皇が与えた「海上月」の題目で、乃木も一首詠んだ。

しの丶めのほのぐ丶あくるかた見れば
　珠《たま》の二島《ふたじま》海にうきいでぬ

この歌からもわかるように、乃木は素晴らしい歌人です。天皇がこれを直します。

ほのぐ丶とあけぬるかたを見渡せば
　珠の二島海にうかびて

さらに天皇は、新たに次のように作り直しました。

ほのぐ丶としらむ波間を見わたせば
　珠のふたじまうきいづるかな

田原坂の戦いは明治十年でした。それから二十五年の年月が流れても、西郷のことは心に残っていたのでしょう。

## 和歌に救われた天皇

西南の役のとき、明治天皇はほとんど何もできないような状態で、行幸先の京都で塞ぎ込んでいました。毎朝三条実美から戦局を聞くぐらいで、めったに御学問所にも足を運びません。大臣でさえもなかなか天皇に会うことができない。明治天皇は乗馬がとても好きだったので、周囲の人たちがいい運動になるからと乗馬を勧めましたが、それすら拒絶しています。

あまりにも憂鬱だったのです。どうしてかというと、西郷隆盛という人物が好きだったということもあるでしょうが、日本人が日本人を殺すことを、非常に嫌っていたからです。

明治天皇がその憂鬱から立ち直ったのは、その直後、船で神戸から横浜に戻る途中に歌をいくつか詠んだときでしょう。船の上から富士を眺め三首詠んだ。

**あづまにといそぐ船路の波の上に**
**うれしく見ゆるふじの芝山**

これは第二首ですが、それぞれの歌を侍従番長である高崎正風《まさかぜ》にみせます。歌人として有名な高崎に批評を求めると、この第二首がいいという。その答えに、他の二首はどこが悪いのか、第二首はどこが優れているのか、とやりとりは続きました。興味を抱き始めた天皇はこれまでに詠んだ歌も高崎に批評させ、その数は三十首以上にのぼった。

明治天皇はそのとき歌に救われたのだと考えられます。歌を詠むことで、自分の暗い気持ちを克服できるとわかったのです。

## 乃木希典は嫌われていた

天皇が嫌っていたのは、陸奥宗光、尾崎行雄ら。

陸奥のことは本当に嫌いだったようです。彼は政府転覆を企む陰謀に加担して投獄されますが、おなじ理由で刑を受けていた人が恩赦で釈放された後も、明治天皇の意向で彼だけは釈放されなかったぐらいです。

尾崎が明治三十一年、第一次大隈内閣で文部大臣として推薦されたことに、天皇は珍しく異議を唱えます。その前年に外務省在官のまま倒閣運動に参加し、懲戒処分となっていたからです。尾崎は大臣になった後も問題を起こします。彼は演説で「日本で共和政治が行われる気遣いはないが、仮に行われることがあるとすれば三井、三菱が大統領候補となるだろう」と述べた。

この発言が、国体を破壊するものだと方々から総攻撃を受けます。怒った天皇は、総理大臣の大隈重信に「このような大臣は信任しがたい。速やかに辞任させるべし」と伝えた。尾崎が共和国の可能性に触れたことすら、国を治める天皇にとっては許しがたいことでした。のちに尾崎は天皇に直接謝罪する機会を得るのですが、その際に詫びるというよりは弁明に終始したため、さらに不興を買ってしまいました。尾崎は文部大臣を辞任しました。

それから、これは私の個人的な意見ですけれども、乃木希典も嫌いだったと思います。乃木は軍人の地位としては大将どまりでした。東郷平八郎はのちに元帥にまでなったのに、です。日露戦争後、明治天皇は乃木を学習院長に任命しました。それは軍人として名誉ある仕事なのでしょうが、乃木大将は特別に教育者として知られているわけではありません。立派な人物ではありました。しかし、教育に強い信念があったというわけでもない。

ある時期、陸軍参謀総長の退役が迫ったときに、山県有朋は後任として乃木希典を推挙しました。ところが、明治天皇は断っている。学習院長の後任がなかなか見つけられないからというのです。そうかもしれませんけれども、しかし陸軍軍人にとっては参謀総長になることが一番の望みであるのに、学習院長として終わらせたのは、明治天皇の気持ちと関係があったと思われます。

乃木希典に対し、明治天皇には許すことができないことが一つありました。それは日露戦争での旅順攻撃のときに大勢の日本兵が死んだことです。その責任は乃木の戦術にあったと明治天皇は考えていたと思います。「乃木も宜《よ》いけれども、ああ兵を殺すやうでは実に困るな」と述懐したそうです。

要するに国の方針を決める人物としては適当ではないと考えた。信用できなかったのでしょう。

天皇には友人らしき人が本当に少ない。この人になら何でも話せるというような親友はほとんどいなかったのではないか。

もしいたとすれば、その一人は天皇の側近だった佐佐木高行でしょう。なぜなら、侍補も務めた佐佐木の日記には天皇からこういうことを聞いた、天皇が誰々に何を言ったというような箇所が度々あるからです。たとえば「西郷（従道）参議はいつも酒気を帯びていて、何を問われてもわけのわからないことをいう」「黒田（清隆）参議は何かと大臣に強要し、望みのものが手に入るまで執拗に迫る嫌な男だ」など。

佐佐木自身はそれほど有名な人物ではないが、天皇と非常に親しかったはずです。

## 人材難の貴族

明治天皇は、貴族は己を犠牲にしてでも国のために行動すべきと考えていました。しかし、残念なことに当時の貴族に優秀な人材は大変少ない。

悪い方の例でいうと、三条実美。明治維新前の彼は尊皇攘夷派公家で「七卿落ち」した一人です。孝明天皇に対して相当乱暴なことをしています。「持病之眩暈」の発作に悩まされていると訴える孝明天皇に対して、「病気であるなしに拘わらず、ぜひとも行幸を決定されるべし」と、無理やり石清水八幡宮に外患祈禳の参詣をさせたこともある。

三条は優柔不断で知られ、天皇は岩倉や伊藤などに比べてあまり頼りにはしていません。太政大臣に就任する際、彼に課せられた条件はただ一つ、断固たる決意をすることでした。彼が政府で重要な地位を任されたのは、身分の高い公家であったためです。

他の例では、侍従長だった徳大寺実則《さねつね》が天皇に辞意を奏請し逆鱗に触れています。

「凡そ華族にして朝廷に仕ふるものは、宜しく其の身を犠牲に供し、以て奉公の誠を致すの決心なかるべからず、然るに妄《みだ》りに職を辞し、以て一身の安逸を謀らんとするが如きは、其の志真に悪《にく》むに勝《た》へたり、卿幾たび職を辞せんとするも、朕は断じて之れを聴《ゆる》さず」

つまり貴族はどんなに疲れていようが、最期まで働くべきだというのです。即位した初期の頃とは違い、天皇は天皇であることを特権ではなく責務と考えるようになっていました。それは貴族に対しても同様であり、武士階級出身の者以上に責任感をもって働くことが義務である。儒教の教えに裏打ちされた天皇の義務感からすれば、「健康上の理由」での辞任などは自分に対する裏切り行為に過ぎませんでした。

一方、天皇に信用された貴族に岩倉具視がいます。皇女和宮降嫁の件では、孝明天皇に降嫁を進言したことで、周囲から幕府と共謀した張本人と大変責められ、剃髪して京都の郊外で侘しく暮らしていたこともありました。孝明天皇は毒殺されたと主張する人たちからは、犯人といわれたこともある。それを裏付ける証拠はなにひとつありませんが。

彼は最期まで働きました。胸部神経痛にかかり、胃管狭窄症で食べ物が喉を通らなくなってもなお働いた。心配した天皇は岩倉の自宅まで見舞いに出向き、その衰弱振りに、彼は人知れず涙を流した。岩倉危篤の報せを聞くと、「岩倉と今生の別れをしたい」と再び駆けつけます。天皇にとって、唯一の貴族の友だちだったでしょう。

かつて岩倉が、征韓論を阻止した張本人として暴徒に襲撃され負傷したことがあります。天皇は大事な友人を暗殺しようとした犯人がなかなか逮捕されないことに苛立ちます。「右大臣の遭難は国家の大事であり、朕の深く憂慮することだ。未だ凶徒が捕まったという報せがないが、捜索はどうなっているのか」と、三条や大久保らを詰問した。

天皇は岩倉の死を悼み、彼に臣下として最高位にあたる太政大臣の位を贈り、次のような言葉を綴ります。

「朕幼冲ニシテ阼《そ》ニ登リ、一ニ匡輔《きようほ》ニ頼ル、啓沃誨《けいよくかい》ヲ納ル、誼《よしみ》師父ニ均《ひと》シ、天憖遺《ぎんい》セズ、曷《なん》ゾ痛悼ニ勝《た》ヘン」

朕は幼少にして天皇となり、ひたすら岩倉を頼りにした。岩倉は朕の心に知恵を吹き込み、朕はその教えを吸収した。その優しさにおいて岩倉は父のごとくであった。天はあえて岩倉をこの世に残さなかった。この悲しみに、どうして堪えることが出来るだろうか。

## 薩長閥への疑念

ある時期から明治天皇は、内閣すべてが長州か薩摩出身者であるのはよくないと思っていた。人口比から考えても、薩長以外の人々が入閣しないのはきわめて不自然です。

天皇は、そのような状況を古いと思ったのでしょう。新しい世代の人もいるはずだと考えた。

彼自身、薩長の人材で周囲を固めようなどとは考えなかったはずです。明治天皇が天皇に即位した頃はすでに薩長時代になっていましたから、彼の力だけでそれを覆すことはできなかった。

しかし即位して月日がたつにつれて、やはり不自然だと思うようになった。貴族は別にしても、天皇も知っているような京都や江戸の有能な人物が政治に参加していないのはおかしい。つまり、他に業績のあった人を無視できなくなってきたのです。

板垣退助が入閣できたのも、そのようなバランスを取るためだったのでしょう。

私は拙著『明治天皇』で、星亨《とおる》のことに多くページを割いています。今や星亨はほとんど忘れられた存在です。しかし、彼が出てきてから、日本の政治、薩長閥中心の政治は完全に変わったと思います。

それまで内閣に入るような人は、すべて貴族か武士階級に属している。しかし、星亨

錦絵「扶桑高貴鏡」には、伊藤博文をはじめ明治天皇を支えた側近たちが登場する。作者は楊洲周延（著者蔵）（150ページ〜152ページ）

内大臣 三條實美公
陸海軍参謀本部長 有栖川熾仁親王

海軍大臣 西郷従道公
大蔵大臣 松方正義公
逓信大臣 榎本武揚公
農商務大臣 谷干城公
文部大臣 森有禮公

は下層階級出身でした。父親は大酒飲みの左官で、無一文の妻と三人の子供を残して出奔。一番上の姉は女郎に売られ、二番目の姉は奉公に出された。貧苦のあまり、母親は星を池に投げ込もうとしたこともありました。

彼は英語、ドイツ語、フランス語、イタリア語が自由に読めました。大変苦労しましたが、自分の力だけで偉くなったのです。

しかし、彼は多くの人に嫌われていた。その強引な政治手法から、名前に引っかけて「押し通る」などと悪口も言われる。公共事業の利権によって財産を築いたと新聞に告発されたこともあります。しかし、彼が死後に残したのは借金だけ。金の延べ棒などは出てきませんでした。

結局彼は暗殺されましたが、死後、明治天皇は従三位勲二等に叙し瑞宝章を授けました。これは、その後の人材登用のあり方に大きな影響を与えたと思います。

私が星を取り上げたのは、良い意味でも悪い意味でも、極めて現代的な特徴を備えた最初の政治家として、読者の心を打つかもしれないと考えたからでした。星以前は、薩摩出身者にしても長州出身者にしても、みな武士階級。

しかし彼以降は、そういう枠は取り払われました。誰でも総理大臣になれる、そういう時代が到来したのです。

星の存在が薩長藩閥を退ける最後のとどめになったのかもしれません。

# 第五章　天皇という存在

## 無関心だった自身の健康

明治天皇は、自分の健康にまったく無関心でしたし、生涯大の医者嫌いでした。たとえば、一度も歯医者に歯を診てもらったことがありません。晩年になると、歯が弱くなってなるべくやわらかいものを食べるようになりましたが、絶対歯医者に診せようとしませんでした。

毎日の拝診をきらい、よほどのことでなければ自分の体を見てもらいたくなかったようです。脚気にかかったときも異状を明かさず、侍医が知ったのはすでに病状が進んでからでした。

五十歳近くになったとき、天皇は太り気味でした。かつてあれほど好きだった乗馬をすることもなくなり、その割には食欲は旺盛で、日本酒からワインに代えたとはいえ大酒飲みなのはかわっていません。侍医たちは、運動によって肥満を克服しないと心臓に負担がかかってくると心配になる。そこで側近が遠まわしに、京都でしばらくゆっくりしながら運動してはと勧めてみました。

かつて新聞に自分の体重のことを書かれてから神経質になっていたのかもしれません。そんなことで一日たりとも政務を休めるかと怒り出してしまうのですが、これからは運動を心がけると約束しました。その後しばらくは皇居の庭などを散策したりしたようですが、長くは続きませんでした。

明治天皇は自分の健康のことを考えていなかったのです。自分は大丈夫だろう、自分のような丈夫な人間は医者とは関係ないだろうと思っていました。

明治天皇が亡くなったのは六十一歳のときです。数日来、胃腸炎にかかり、仮睡の傾向がみられ、食欲もありませんでした。ある日夕食でワインを二杯飲んだ後、目がかすむのを感じます。そして椅子から離れた際、天皇は床に倒れ昏睡状態に陥りました。天皇重体が号外で伝えられました。

彼はここ七、八年糖尿病と慢性腎臓炎に苦しんできました。誰もが当時の侍医たちを、どうして何もしなかったのか、と責める。侍医たちは、近寄るなと言われたのでどうしようもなかった、と答えています。天皇の意志に逆らうことは、誰にもできなかったというわけです。

明治四十五年七月三十日午前零時四十三分、天皇崩御。

直接の死因は心臓麻痺でした。柩は望みどおり京都、伏見桃山に埋葬されています。

生前、天皇と皇后が夕食を共にしながら京都の思い出を語っていたとき、ふいに「私が死んだら陵は必ず桃山にするように」といったことがありました。天皇が重体となったとき、皇后はそのときの天皇の言葉を思い出したのです。

## 惜しまれた崩御

明治天皇の死後、世界中の新聞に彼を称える論評が大々的に掲載されます。こうした記事ばかりを集めた分厚い二冊の日本語訳（原文も下巻に収録）が、天皇の死から一年後に出版されました。

世界で最も偉い君主だった。私が読んだ限り、あらゆる国が天皇を一様にそう称賛しています。中でも一番鋭い観察力を示したのは、一九一二（大正元）年八月十二日付のフランス紙「コレスポンダン」でフランス人論説委員によって書かれたものです。

「天皇は、場合によって大臣たちの政策を左右することがあった。なぜなら天皇の活動、天皇の知性は疑うべくもないものだったからである。しかし、天皇の主要な業績は国家の元首であること、また国民生活、国民感情の生きた象徴であることだった。天皇は、それを傑出した賢明さで果たしたのだった。（中略）偉大な王とは、例えばスペインのフェリペ二世のように国事を自ら操ろうと欲する者のことではない。優れた大臣たちに信頼を置き、王権の威光でこれを支援する者のことである」

また別の意味で、中国人が書いた記事は面白い。中国人は伝統的に日本を軽蔑していました。日本にあるものは中国にあるものを真似たにすぎない、日本に文化はない、中国の文字を使っている、醬油もお箸も中国のもの、といったふうです。

しかし、辛亥革命によって成立したばかりの中華民国の新聞は、明治天皇の死に対し哀悼の意を表して、次のように書いています。

「一世の英雄にして、三つの島から成る国を世界の大国にまで引き上げた日本国天皇は、トンボのような形の国土、龍虎のような国運、五千万の大和民族を後に残して、あっという間に去ってしまわれた」

明治天皇の治世下で、特にロシアを破ったことによって、日本は西洋の列強と対等の関係を獲得しました。この成功が、中国人に黄色人種としての同胞意識を芽生えさせたのかもしれません。

## 世界の中の日本

最近、明治天皇とは何の関係もない幕末の文献を読んでいて、当時の日本人が世界の事情に非常に詳しかったということがわかり大変驚いたことがあります。アヘン戦争についても、アロー戦争（第二次アヘン戦争）についてもよく知っていました。デンマークは今どうしているのか、というようなことにまで関心を持っていた。

そもそも長崎出島に十人ほどのオランダ人の滞在をなぜ許したかといえば、毎年その年の海外の出来事を『風説書《ふうせつがき》』という報告書にまとめさせ、情報を得るためでした。出島商館で、日本人はオランダ人に様々な質問をしていたのです。

もちろんそういった情報に接することが出来たのは、一部のインテリだけです。

天保年間の『風説書』を読んだ彼らは次第に、これはもう海外事情を無視できないと思うようになる。たとえば江戸後期の画家で思想家の渡辺崋山は、海防の必要性をやかましく警告します。彼は蘭学者との付き合いから、世界情勢を知り危機感を募らせた。外国の船はいつ来てもおかしくなかったのです。

日本人は世界の動きを十分知り、ある程度その影響を受けていた。否応なしに日本と外国との関係ができつつあったが、もちろん幕府はそれを認めたくない。しかし、いずれ日本は世界の一つの国になってしまうということは、一般にも知られていました。近代化するのは当然の成り行きだったと思います。

日本人は世界での自国の地位に敏感で、どう見られているのかを気にしていました。悪い例ですが、鹿鳴館を建てたのもそのためです。外国からの尊敬を得るために慣れない洋服を着て、ダンスを踊り、ナイフとフォークを使い洋食を食べられることを懸命に誇示しますが滑稽なだけで逆効果でした。これ以降、日本は猿真似の国と呼ばれてしまうのです。

明治二十年六月、ヴィクトリア女王在位五十年の式典がロンドンで行われたとき、天皇名代として彰仁親王が出席します。しかし自分の名前が式典参列者名簿に載っていないことを知り、親王は大変不快に思います。割り当てられた宿舎の格式は西欧諸国より劣り、馬車の用意もない。ウェストミンスター寺院での礼拝式では、席次はタイ、ハワイと同列で、ヨーロッパ王室とは明らかに区別されていました。

　どうしてイギリスがそのような無礼な振る舞いをしたのかはわかりませんが、このことで未だに東洋の小国にすぎないと思われていることを知りました。

　日露戦争当時のアメリカは明らかに親日的で、日本が勝つことを望んでいた。同じ時期にアメリカに留学していた有島武郎はこう書いています。日露戦争はちょうど小さい犬と大きな犬が戦うようなものだ、アメリカ人はただ小さい犬が勝ったら気持ちがいいと思っているにすぎない、と。

　一般のアメリカ人がどうだったかはわかりませんが、少なくとも当時のアメリカ大統領は日本を尊敬しています。それは間違いない。有島は過敏に捉えすぎたかもしれません。日本、そして明治天皇の存在は大変大きいとあらゆる国が認めていました。

　世界における日本の地位を高めたのは、日清、日露両戦争で勝利したこと、そして日英同盟を結んだことであるのは間違いありません。

緒戦は日本が有利だとしても、最終的には清国の勝利は間違いない、日本は負けるに違いない。日清戦争について、外国の新聞はこう声をそろえて清国の勝利を予測します。だが日本は負けなかった。むしろ簡単に勝利をものにした。これによって、日本は世界中から見直されたのです。岡倉天心はこれを皮肉なことだと表現している。日本は美しいものを作り芸術にふけっている間は野蛮だと尊敬されなかった。ところが今、満洲の戦場で清国人をたくさん殺し始めた途端、文明国と尊敬されるようになった、と。

明治二十七年、日清戦争の直前に、ずっと英国が反対していた治外法権廃止の条約調印にこぎつけます。その後日本は英国と同盟を結び、清に続いてロシアに勝利しました。

治外法権廃止後も、日本人は英国が恐れたような悪いことはしなかった。人の家にいきなり入り、些細なことで人を監獄に入れる、あるいは唾を吐くなどの行為で監獄に入れるなど、そういうことはもうしなくなっていました。野蛮な国ではないという意味でも、日本は一人前の国と認められたのです。

## 反対だった日清戦争

明治二十七年、朝鮮での清国相手の海戦と陸戦で勝利、壊滅的に敗走させたのち、日本はついに宣戦布告します。豊臣秀吉の朝鮮出兵以来、はじめて日本の軍隊が海外に打って出たのです。

「朕茲《ここ》ニ清国ニ対シテ戦ヲ宣ス、朕ガ百僚有司ハ宜ク朕ガ意ヲ体シ、陸上ニ海面ニ清国ニ対シテ交戦ノ事ニ従ヒ、以テ国家ノ目的ヲ達スルニ努力スベシ、苟《いやしく》モ国際法ニ戻《もと》ラザル限リ、各々権能ニ応ジテ一切ノ手段ヲ尽スニ於テ必ズ遺漏ナカラムコトヲ期セヨ」

天皇が発した宣戦の詔書です。ところが、戦争が始まるやいなや明治天皇は非常に怒って、この戦争をやめよと命令するのです。

宣戦の詔書が公布された直後、そのことを伊勢神宮や孝明天皇陵に報告する勅使の人選を、宮内大臣が天皇に相談します。その返事が驚くべきものでした。

「その必要はない。自分はそもそもこの戦争には反対だったが、皆が開戦は避けられないというので許しただけだ。それゆえどうして先帝らに報告できるか」

宮内大臣は驚き、「天皇自らが宣戦を布告し、戦争はもう始まったのです。今になってそれをやめることなどできない」と、天皇を諫めようとした。しかし「二度とお前には会いたくはない」と逆鱗に触れてしまった。

天皇は多くの日本人が殺されることに堪えられなかったか、日清間の戦争が第三国に介入の機会を与えるのではないかと心配だったのかも知れません。あるいは、到底清に敵わないと考えたのかも知れない。儒教を重んじる天皇として、その教えを生み出した国と戦うことを避けたかったとも考えられます。

怒り狂った翌日、天皇は「祖先の神々や先帝に報告する者を速やかに人選せよ」と命じます。もう中止は不可能であることを悟ったのでしょう。これ以後、戦争終結までそのような迷った態度は見せることなく大元帥としての務めを果たしました。戦争中の御前会議は九十回にも及び、天皇の決断が頻繁に求められた。大本営の広島進駐にともない天皇も広島へ移ります。政治と軍事の権限を統合出来るのは彼しかあり得ないのです。戦争が勝利に終わり、清と講和条約が結ばれたのち、天皇は両国の友好関係回復に関する詔書を公布しました。平和の保持こそが天皇の使命である、しかし不幸にも両国の間に戦争が起こってしまった。勝利できたのは国民すべてのお陰である。そして最後に、日本が勝利に驕慢となり、理由なく相手国を侮辱するなど友好国の信頼を失うようなことがあってはならない、と述べている。

これは極めて意外な発言です。大体において、当時の王様か大統領が、戦争が終わってすぐに言うのは、憎むべき敵に勝ってよかったというようなことでしょう。ですが明治天皇にはそれらしい発言がまったくなかった。彼は、清国とまた伝統的ないい関係を早く結べることを望んだのです。

また、日露戦争において旅順陥落の報せを聞いた明治天皇の最初の発言は、降伏したロシアの将軍ステッセルの武人としての名誉を大切にせよというものでした。よかったとか、すばらしい勝利だということではなかった。敵の将軍のことを心配していたのです。これは立派な態度だと私は思います。

旅順陥落を、ある軍人が喜びのあまり震えながら明治天皇に報告しに行きました。それを聞いた天皇は浮かれることもなく沈着冷静、なんどか頷いただけでした。ロシアの軍事力にはまだまだ注意が必要なときに浮かれてはいけない、旅順攻略で数多くの日本兵が死んだというのに喜んでいいのか、と賢明な彼は考えたのでしょう。

あたらしき年のたよりに仇の城
　ひらきにけりときくぞ嬉しき

側近の前では表すことのなかった勝利の喜びも、この歌からは感じ取ることができます。

ひむがしの都の空も春寒し

さえかへるらむ北支那の山

厳寒の中、苦難に堪えている兵士のことを思い詠まれた歌です。故郷に残された者たちに思いを馳せた歌もある。

子等はみな軍《いくさ》のにはにいではてて
翁やひとり山田もるらむ

ロシアとの戦いに勝利した日本を外国の君主たちが賞賛する中で、戦争を冷静に評したのは明治天皇だけだったかも知れません。

むかしよりためしまれなる戦に
おほくの人をうしなひしかな

同じ時代にドイツ、ロシアにも皇帝がいました。かなり調べた上のことですが、私に言わせれば、ドイツの皇帝ヴィルヘルム二世は人にあらず。本当に恐ろしい人物で、いいところは一つもない。黄色人種の侵略からヨーロッパを守る、キリスト教文化を蒙古人種の侵略から守ることがロシアの使命だ、とロシア皇帝ニコライ二世を扇動するような人物がドイツ皇帝として勝手に悪い政策を取っていたのです。もちろん黄色人種や蒙古人種とは日本人のことです。

ニコライ二世は人物としてそれほど憎むべき人ではなかったかもしれませんが、非常に意志の弱い人でした。しかし野心はありました。司令官になるべき将軍らの任免を強要したり、個人的な感情に左右されて適任者を選ばなかったりした。

彼は日露戦争が起こったとき、大変喜びました。日本人を軽蔑していたからです。日本人のことをヒヒと言っていたくらいです。日本人はサルのような、非人間的なものだと思っていた。そのため側近たちが戦争の敗北を感じ講和に傾いても、最後まで皇帝はこれ以上兵士の命を無駄にしないためにも戦争を終結しよう、などとは考えませんでした。

そういう人物たちと明治天皇とを比べると、世界には本物の皇帝は、明治天皇一人しかいなかったということがわかります。

## 明治天皇は象徴的だったのか

明治天皇に感心すべきところはかなりあると思います。一つは、消極的な話になりますが、総司令官である大元帥だったにもかかわらず、一度も戦争の作戦に干渉したことがないことです。ヨーロッパの皇帝などはしょっちゅうやっています。自分たちの好き嫌いで、この人は連隊長にしろといった命令を出していました。

しかし明治天皇はそういう権利があったけれども、まったく行使していません。これは偉いことです。誘惑はあったはずです。どこの国の人であっても総司令官になる人は、その力を使ってみたい。自分はどんなに力を持っているか試してみたい。そういう気持ちは非常に人間的なことですが、明治天皇は権力を行使しませんでした。

明治天皇の要請に対する側近たちの振る舞いがよい例でしょう。普通に考えれば、天皇の依頼なら引き受けるほかありません。ですが天皇が誰某に首相をさせたいといっても、当人は平気で断っている。体調が優れないというような健康上の理由を付けて、天皇の意志に逆らっています。

こうした状況が異質なことであるのは、ヨーロッパあるいは中国の皇帝と比較すればよくわかります。清朝の皇帝に対して、もし要職に就いている人物が「病気だから辞めます」などと言い出そうものなら、きっと殺されたに違いない。ロシアのニコライ二世だったら、「じゃあ、シベリアへ行きなさい」などと平気で言ったことでしょう。それとは違い、明治天皇はそんなことはしないと皆わかっていたのです。

彼が即位したときは、まだ十六歳でした。したがって、どうしても人の意見を聞かなければならなかった。五箇条の御誓文にしても、自分で文章を書いたわけではなく、誰かに頼って書かせた。あるいは誰かが作ったものを、天皇はただ朗読したにすぎないかもしれない。

これがもし三十歳で即位していたなら、かなり状況は違ったはずです。ともかく彼には岩倉具視などの意見や力添えが必要だった。絶対的な権力を初めから持っていなかったのです。ですから命令を下すことも非常に少なかったのだと思います。

そうすると明治天皇は象徴的な存在に過ぎなかったのかという疑問が自然に出てきますが、私はそうは思いません。

外交、交易の門戸を閉ざし続ける朝鮮に対し、国内では征韓論が盛んになります。日本を「無法之国」と表現する朝鮮に、日本人は侮辱されたと怒り狂い、出兵すべしとの声も高まった。

そんな中、西郷は「すぐに兵を派遣するのはよくない。まず全権使節を派遣し説得すべきだ。そしてこれを聞き入れず、無礼を働くなら討てばよい」と提案。全権使節として自分が乗り込むという。政府の大多数はこの提案に同意していました。朝鮮はきっと西郷を殺す、それが戦争を始めるいい口実になるだろうと考えたのです。

しかし、明治天皇は、待て、と言った。当時、岩倉具視の使節団がヨーロッパに行っていましたが、岩倉の帰国を待って閣議で十分な議論を尽くすまでは何もしてはいけないと言う。

結果として、今は内政こそが大事という岩倉の意見に天皇が賛成。征韓論はひとまず消え、朝鮮との戦争はありませんでした。もし戦争があったとすれば、ひどいものだったと思います。あるいは武士たちは喜んだかもしれませんけれども、両国ともに大変な犠牲があったでしょう。

この件で、西郷や西郷を支持した江藤新平、後藤象二郎、板垣退助、副島種臣は、全員病気を理由に参議を辞任してしまう。西郷らの辞任に天皇は悩みますが、自身の重大な政治的決断によって悲惨な戦争は回避されたのです。

もう一つは、明治十三年のことです。当時の日本は財政難で困っていて、外債を発行して現状を打開するという案が前大蔵卿の大隈重信によって出され、多くの人が支持していました。ところが、明治天皇が反対したためにその案はなくなりました。いっそうの倹約を検討せよと命じたのです。

その前年、明治天皇はグラント将軍から、どんなことがあっても外国からお金を借りてはいけないと言われたことが耳に残っていた。いずれそのうち、外国にそのお金を返さなければならない。もしお金がなければ、外国人が領土を取ることもありうる。明治天皇はそのことを覚えていたのです。彼は外債発行を認めず、倹約をもって乗り切るという彼らしい決断をしたのでした。

他にも、明治天皇の意見は幾度も求められました。内閣の中に二つの派閥があって、どちらの意見を取るべきか決められないときに、明治天皇の声はどうしても必要だったのです。

## 歴史の芯として

巡幸で学校を訪問した際、明治天皇は生徒たちに一番尊敬する天皇は誰ですか、あるいは尊敬する天皇を三人挙げてくださいと訊ねることがあった。大阪の小学校を訪れた際には、生徒たちに景行、仁徳、後白河、後宇多、正親町、後陽成六人の天皇の事績について質問したりもしています。

しかし公の場で自分が一番好きなのは誰と言うことはありませんでした。礼儀を重んじたのでしょう。もし誰それ天皇が好きだと言ったら、他の天皇の幽霊たちが怒ってしまう。それは冗談ですが。

彼は、日本の歴史と天皇の歴史とを同一視していた。皇室には長い歴史がありますから、もちろん歴代天皇の中には雄略天皇のような現在の道徳観から見れば悪い人も、あるいは聡明とは言い難い天皇、女性との関係が奔放な天皇がいたことも知っていたでしょう。

明治天皇にとって大切なのは、天皇が日本に統一性を与える存在であるという考えです。つまり、天皇というのは抽象的な存在であるけれども、日本の歴史の中心にある芯のようなものだ。時として日本の政治が揺れても、また他のことが変わったとしても、天皇の存在は日本に統一性を与えることができる、ということです。

これは三島由紀夫の考えに似ています。三島は意識的に考えていたが、明治天皇は無意識に考えていたのではないでしょうか。

徳川時代、天皇家は将軍たちにほとんど無視されます。天皇は歌を詠んで過ごし、政治に干渉することは許されなかった。時代の要請もあって初めてそれを破ったのが孝明天皇でした。

徳川幕府が崩壊するなど混乱の時代であっても、国としての芯は変わらず残っていた。明治天皇は国の芯としての強い義務感を持っていたのです。国民を大事にしなければならない、他国から日本が馬鹿にされてはならない、そして天皇として祖先に対して恥をかかせるようなことをしてはならない。

もしそれに背くような振る舞いをすれば、自分だけの罪にはとどまらず、歴代の皇室全体の罪になると考えていたのではないでしょうか。

# おわりに　——大帝というに相応しい明治天皇

私が明治天皇を「大帝」と考える理由の一つは、在位が長かったことです。とても単純な事実ですが、非常に重要です。たとえばヴィクトリア女王は六十数年間在位しました。長い間在位していれば、たとえ途中で失敗があったとしても忘れ去られます。長い治世においては、わずかな一部にすぎなくなるからです。

明治天皇が亡くなる頃には、生きている日本人のほとんどを明治生まれが占めるようになりました。江戸時代のことを覚えている人はそう多くはなかったでしょう。

それゆえ、多くの人が天皇の死に衝撃を受けました。政府に対して厳しい批判を浴びせていた徳冨蘆花でさえ、次のように書いています。

「陛下が崩御になれば年号も更《かわ》る。其れを知らぬではないが、余は明治と云ふ年号は永久につゞくものであるかの様に感じて居た。余は明治元年十月の生れである。即ち明治天皇陛下が即位式を挙げ玉ふた年、初めて京都から東京に行幸あつた其月、東京を西南に距《さ》る三百里、薩摩に近い肥後葦北の水俣と云ふ村に生れたのである。余は明治の齢《よわい》を吾齢と思ひ馴れ、明治と同年だと誇りもし、耻ぢもして居た。

陛下の崩御は明治史の巻を閉ぢた。明治が大正となつて、余は吾生涯の中断されたかの様に感じた。明治天皇が余の半生を持つて往つておしまひになつたかの様に感じた。物哀しい日。田甫《たんぼ》向ふに飴屋が吹く笛の一声長く響いて膓《はらわた》にしみ入る様だ」(『みゝずのたはこと』)

明治天皇の治世下、日本は大変な変化を遂げます。失敗する可能性もありはしたが、結果としてはうまくいった。もちろん失敗しなかったのは明治天皇一人のおかげではありません。明治天皇も決して自分だけの成果とは言わなかった。たとえば日清戦争に勝利したときも、周囲の人たちは天皇陛下のおかげと言ったでしょうが、明治天皇が自身で明言したことはありません。

明治天皇の即位後、国としての舵取りは小さな失敗はあったものの、だいたいにおいてうまくいった。明治時代も後半になる頃には、世界で最も強い国である英国と同盟を結ぶまでになる。このことで世界中から、日本はついに英国と同じレベルに達したと認識されました。

日常生活も随分変わりました。私などは昔のほうがよかったと言いたいことが多いのですが、その時代に生きていた人にとって日常生活の変化は喜ばしいはずです。たとえば、それまでコレラなどの伝染病にはなすすべもありませんでしたが、そうした深刻な病気は少なくなります。住宅事情にしても、もちろん当時も高級なものはありましたが、一方で貧民窟のようにひどいところが多かった。それも徐々に改善されていきます。天皇が新潟に行ったときには、眼病に罹っている人が多いということを知ってお金を寄付して病院を作るように指示しました。深刻な病気を心配していたに違いありません。

個々の例を挙げればきりはなく、それらの積み重ねによって暮らしがよくなった、時代全体がよくなったこと自体を人々は喜び感謝したのです。

見た目も大帝に相応しいものでした。当時の平均的な日本人よりも背が高く、立派な髭を蓄え、みなこれこそ皇帝だと思ったでしょう。たしかに明治初期、即位したばかりの天皇に会った外国人は、化粧をして宮中の女性のような歩き方をするのを変だと思います。しかしそれは一時的なものにすぎず、時を重ねるにつれそういう声は聞こえなくなりました。彼を馬鹿にするような外国人の日記あるいは手紙を、私は一度も読んだことがありません。

これまでに何度も強調してきましたが、大帝たる最大の理由は絶大な権力を持っていながら行使しようとしなかったことです。たとえば戦争の時に、彼が地図を見ながら、この連隊はここに配置したらどうか、と言ったとする。まわりは命令と思い誰も反対す

| | | |
|---|---|---|
| 三十八年 | | ポーツマス条約。 |
| 三十九年 | 英国のガーター勲章を授与される。 | |
| 四十年 | 生母中山慶子没。<br>陸軍特別大演習統監のため茨城、栃木に行幸。 | |
| 四十一年 | 第六皇女昌子内親王が恒久王と結婚。<br>陸軍特別大演習・海軍大演習統監のため奈良、兵庫に行幸。 | 戊申詔書発布。 |
| 四十二年 | | 伊藤博文、ハルビンにて狙撃され死去。 |
| 四十三年 | | 大逆事件。<br>韓国併合。 |
| 四十四年 | 陸軍始観兵式のため青山練兵場に行幸する予定を、健康上の理由で取りやめる。<br>陸軍参謀総長の後任として乃木希典任命を拒否。<br>陸軍特別大演習統監のため福岡に行幸。 | 辛亥革命。 |
| 四十五年 | 東京帝国大学の卒業証書授与式に臨幸。<br>皇居にて食事中、椅子を離れる際に卒倒。高熱を発し昏睡状態に陥る。<br>東京帝国大学教授の医師二人が尿毒症と診断。<br>七月三十日午前零時四十三分、崩御（直接の死因は、心臓麻痺）。 | |

本書は、著者の講演「明治天皇を語る」の内容をもとに、編集部の責任において加筆、編集を加えたものです。

なお、参考文献については『明治天皇』下巻に掲載してあります。

## 「彼」との出会い

「生活」に治療の主眼を置いたこともあって、彼女のそれまでの暮らしぶりについては、かなり詳しく話を聞いた。その概要を記しておくと――

彼女は、東京近郊の小都市に生まれた。父親は都心にある小規模ながら堅実な商社の三代目の経営者で、若い頃にアメリカの大学に遊学をしたことがあって、生活の仕方について考えるところがあったのだろう。結婚すると、祖父の代からやはり都心にあった家には住まず、新しく開かれた町にこざっぱりとした家を建てたのだった。母親はいわゆる家庭的な人だが、保守系の代議士の孫として、幼い時からなにかと人の出入りの多い家庭で育ったせいか、社交的というのとはまたちょっと違った人当たりのよさがあり、加えて人付き合いのやり方もうまくて、例えば娘の学校のPTA役員も三年に一遍は進んで引き受けるという具合だったらしい。

患者は、地元の公立の小学校中学校に行き、高校は都心の古くからある私立に、これは半ば祖父母の希望を叶えるかたちで通い、そのままその併設の短大に進んだのだという。

短大を卒業してからは、都心の大手の商社に学校の推薦を得て入社。以来、勤続六年になる。母親の話では、会社勤めも少し長くなりすぎたから、このたびの精神変調を機に退職させて、症状が少しでも落ち着いたら、娘らしいことを仕込みたいとのことだった。

この母親の「お仕込み」が良かった。「生活指導」に応じた患者自身の努力と上手く嚙み合って、一年半も経つと、患者は、幻覚の「声」に聞き入って日常生活に支障を来す、などということがなくなったのだ。「声」がまったく聞こえなくなったわけではないが、それでも大いなる改善には違いなく、僕はそろそろ潮時かと判断して、ようやく患者本人に発病したころの話を聞くことにした。以前に母親から、発病にはある外国人との恋愛が絡んでいた、といったことを聞いてはいたが、このときまでは本人との面接でそのことに触れないできたのである。

患者によれば「彼」に出会ったのは会社に勤めはじめてから三年ほど経ったころのこと。短大時代からの友達で、あるアフリカの小国の大使館で秘書をやっている人が誘ってくれたパーティーに出てみたところ、そこに彼も来ていたのだった。

「私、前々からちょっと第三世界に興味があって、あんまりたいした根拠はなかったんですけど、これからは第三世界の時代だっていうか、そういうトコのほうがずっと面白そうっていう気がしてて……アフリカとかに留学してみたら意外と勉強になるかな、みたいなこと考えてたんです。うちの親は理解があるから、私が頼めば絶対許してもらえると思ってました」

もっとも、学生時代に患者が三ヵ月ほど実際に留学していたのは、第三世界ではなくてカナダの大学だった。彼女の通っていた短大が海外のいくつかの学校と提携をしていて、基準以上の成績をとっている学生だと、外国で語学の単位を取得できる制度があったのだ。この三ヵ月のコースとは別に、一年間の留学をし、さらには、そのまま向こうの大学に編入という留学コースもあった。在学中の成績からすればそれも可能だったのだが、彼女自身が「そういう路線にちょっと疑問を持ってて」、欧米への留学というのも悪くはないけれども、「なんとなくありきたり」という感じがしていたのだった。それでも、日本にばかりいるのはもっとありきたりに思えたし、せっかく留学制度があって親もお金を出してくれると言っているのだから、短期で行くぐらいが程よいか、と考えたのだとか。

　ともあれ、そういう「第三世界」に対する関心が以前からあったせいで、日本に留学しているアフリカの若者たちが集まる気楽なパーティーがあるから、と友人に誘われたとき、「本来出不精」の彼女もちょっと顔を出してみる気になったのだった。

　そして、そこに彼も来ていた。

「彼に会ったとき？　第一印象はなんか貧相な人だなあって……だって、アフリカ系の人たちってなんか迫力あるじゃないですか。その中にあって彼は……日本人の基準で言っても、やせてて……私、本来やせてる人って好みじゃなかったんですよ。だけど、アフリカ系と日本人ばっかりの中でアジア系の人ってちょっと目立つじゃないですか」

「彼は日本語学校の同級生に誘われて来てたらしいんですね。ちょっと話しかけてみたら、彼もほかの第三世界から来てる人たちの日本での生活とか考え方とか知りたいと思ってとか言って……そのとき、なんか閃くものがあったんですよ。もしかして私たち、こんな風にして出会うことになっていたんじゃないかって。あ、それは私、今でもそうだったんだって思ってることなんですけど……」

飲み物とスナックがわずかばかりの簡素なパーティーの席で、二人は随分と話し込んだらしい。

「彼の国の話とか聞いてると……私、短大で文化人類学とかっていう講義聞いたことがあるんですよ。彼の話、あんな感じですごく面白くって、新鮮だったんです」

彼がその夜彼女に語ったところでは、彼は南アジア出身の留学生。国では小学校教師をしていたが、地主の父親に勧められて日本の大学に入るつもりで来日したが、まず日本語をきちんと習っておこうと、日本語学校に通っているということだった。

日本式経営を学んで国に帰ったら、日本からの資本導入の窓口になる経済官僚になるつもりだったが、日本に来て暮らすうちに考えを改めた。日本から機械を送り、故国からは農産物を日本に送る、将来はそういう貿易ビジネスを始めたいと考えるようになったのだ。そのために実際の経済を経験してみようと、日本語学習の合間に肉体労働を始めたばかり。

「私、この話を聞いたとき、なんか打たれるものあったんですよ。若者ってこういう風じゃなくちゃ嘘だ、みたいな。日本の若者って、目先だけって言うか、イイ学校出て、イイ会社入って、イイ結婚して……私だってそういうイイコト尽くしの人生以外は選ぶ気がしなかったし、冒険したいなって思っても日本じゃやりようがなかったし……で、彼の話を聞いてて、私もホントーはこういう大志を抱いた若者になりたかったんだって目覚めたっていうか、そういうことだったんです」

## 夜のしじまの中で

二人はそれから日曜日毎に会うようになった。彼は週日、昼間は学校、夜は工場勤めと忙しく、きっと疲れきっていたのだろう。デートで代々木公園に行って広い芝生の上で二人でゴロンとなって空を見ていたりしても、彼一人はそのまま眠り込んでしまうのだった。そういう時、彼女は、

「自分でも不思議なぐらいやさしい気持ちになれて、この人は私じゃなきゃだめなんだ」

という気がしたものだという。

まもなく彼女は工場の彼のもとに夕食の弁当を届けるようになった。自分の勤めが終わってからのことなので、ろくな用意はできなかったが、デパートの地下で買い揃えた惣菜を持って彼のアパートへ寄り、雨の降らない日には腕を絡めたまま工場の傍の公園まで歩いて行って、そこのベンチに並んで座って食べる。

「街灯の下で私たち二人だけに光が当たって……ホントに幸せっていう感じでした」

弁当を食べ終わると、二人は決まってじゃれあうように小さな言い争いをした。彼女は、時間いっぱい一緒にいたい、あなたが工場に入るのを後ろから見ていたいと言い、彼は、女の子がこんな人気の少ない工場街の夜道を一人で帰るなんて危険だから送って行く、と言い張るのだった。負けるのはいつも彼女で、うながされ肩を抱かれて駅まで歩いていると、彼の腕の温もりが妙に心地よくて、彼が、これから一晩中続く肉体労働の前の貴重な時間を休憩に当てずに私のために使ってくれているのだと思うと、申し訳なさと嬉しさとが相俟《あいま》って、胸が詰まって思わず涙が出そうになるのだった。

もちろん、彼女の方だって毎日毎日、会社帰りに弁当を届けに行くのは決して楽なことではなかった。しかし、家に帰って風呂に入り、髪を乾かした後でベッドにもぐりこんで、それから寝つくまでの間、天井の消えた蛍光灯の残像を見つめていると、夜のしじまの中で、「なんかすごく安心っていうか、落ち着いた気分になれるんですよ。今ごろ彼、どうしているのかなって考えてると。だけど話には聞いていても仕事場だって見たことないから、想像つかないじゃないですか。その想像できないことを想像してみようとしてると、彼に対する思いがなんか煮詰まってきて……昔学校でやったミョーバンの実験みたいに結晶になるっていうか……私自身も純粋になれるんです」

母親は彼女の帰りが遅くなったことを心配したが、彼女が弁当を届けている話をすると、あなたのような我儘な子がねえと驚き、親切は良いけれども程々にしないと結局は相手の方が迷惑することになる、とだけ言った。

「ホント、私、割かし我儘なほうだったんですよね。だけど、彼と付き合いだしてからは、それまで自分でどうしようもないっていうか、コントロールできなかった部分も自然に、無理なく抑えられるようになったんです」

「前は、することないから化粧品に凝ったり、ダイエットにハマるとかしてたんですけど、もうそういう自分のためだけのコト、しなくても済むようになって。しみじみ、私の望んでた生活ってこれだったんだなあって思えたんです。私自身は弁当を届けて一緒に食べるぐらいしかできないけど、彼を応援するっていうか、彼の夢を一緒に見るっていうか。それが楽しかったんです」

## 幸せな日々

付き合いだして三ヵ月ばかり経ったころ、彼がプロポーズした。自分が貿易ビジネスを始めたら手伝ってくれないか。もちろん、奥さんとして。それっぽっちのことを言うのに彼は、はにかんで真っ赤になっていた。可愛い。そう思った途端、自分の首が勝手にコクリと縦に振れたのである。こんなに簡単に返事してしまっていいのだろうか。ちょっと不安な気もしたが、後になって考えてみると、もうずっと前から自分の意思は決まっていたようにも思えるのだった。

その後二、三日の間、彼女は親と顔を合わせるたびにプロポーズされたことを話したくてたまらない気持ちになったという。相手は迷惑なんかじゃなかったんだよ。そう言いたかったのだが、しかし、何となく恥ずかしくて……結局は一言も言いだせなかった。それに、親にプロポーズのことまで知られてしまうと、

「私たち二人だけを包んでいる透明な薄い膜に、プチッと穴があいてしまうようで詰まらな

い」

そういう気もしたのだ。

その代わりに、パーティーに誘ってくれて、結果として二人の出会いのきっかけを作ってくれた友人にだけは話しておくことにした。きっと喜んでくれると思ったのに、友人は眉をひそめ、深入りしないほうが良いと忠告めいたことを言った。所詮は彼もただの不法就労者みたいなものだからね、と。

彼女は不意打ちを食らって、初めのうちはぼんやりと友人の「忠告」を聞いていただけだった。しかし、そのうちになんだか無性に情けなくなって、泣きたいような切ない気持ちになったのだが、その情けない気分の正体が分かったのは家に戻ってからのことだった。学校時代からの親友でも嫉妬する。そのことが自分は悲しかったんだなあと。

嫉妬といえば、彼女には嫌な思い出がひとつあるのだった。入社一年目の頃に同期の女子社員が突然会社に出て来なくなるということがあって、皆で心配をしていると、その子から、自分の好きな人を彼女に横取りされたからだという主旨の手紙が仲間の一人宛てに届いた。

彼女に思い当たることといえば、三、四年先輩の男性社員が何度か食事に誘ってくれたことだけ。もしやと思って、その男性社員に確かめてみたが、当の女の子と個人的に付き合ったことはないとの返事だった。

結局その同期の女子社員はそのまま退職してしまい、彼女には何かすっきりしないものが残った。他の同期生たちは、あの子の思い込みが激しかっただけだから気にすることはないと言ってくれ、あるいは、あなたみたいにおっとりしている人は嫉妬のひとつでもされないと大人になれないんだよ、とからかい半分に励ましてくれたりしたのだった。

しかし今になってみると、以前の自分は恋愛というものをひとつの軽いゲームみたいに考えていたところがあった。何人かの男の子たちと付き合い、二人だけでスキーに行ったり、伊豆の別荘に連れて行ってもらったりしたこともある。しかし、「エッチをしてもそれだけのこと」という感じで、別に「深い関係」になったという気はしなかったのである。

「深い関係」というのは彼との間のような精神的なことだ、と彼女は思うようになっていた。生涯の伴侶――以前短大で中年の女性教授がその言葉を口にしたとき、彼女も皆と一緒に思わず笑ってしまったものだ。しかし、プロポーズされた今は、その言葉さえ妙に新鮮に思えるのだった。

ただちょっと、彼女が当惑したのは、彼がプロポーズした次の週にはもう、いつ結婚しようかと日取りを決めたがったことだ。いつと言われても……。彼が日本語学校を終えて、大学に入り……少なくとも、それぐらいにはならないと実際に結婚することなんかできない、と彼女が答えると、彼はがっかりしたという顔をしながらも、君だって気が変わってすぐにでも結婚する気になるかもしれないよね、と言ったものだ。彼女には彼のこの性急さがよく理解できなかった。しかし、多分、それほど自分のことを愛してくれているのだろうと思うと、必ずしも悪い気はしなかったのである。

そう言えば「愛」という言葉も、以前の患者ならば到底本気では使えない言葉だった。しかし、今は、彼の「愛」に包まれていることが心から実感される。二人が会うたびに、彼は彼女のこれまでの暮らしや日々の出来事などを、ほんの些細なエピソードに至るまで詳しく聞きたがった。また、食事のあとには必ず紙ナプキンで彼女の口元を拭いてくれるといった具合に、こまごまと世話を焼いてくれるのだった。

「私、こんなにやさしくされたらとことん甘えん坊になって、どうしようもない女になってしまうんじゃないかって思うほど、彼はやさしかったんです」

もちろん、初めのうちは正直言って、彼のこのやさしさは少々鬱陶しかった。しかし、それも直ぐ気にならなくなってしまったのである。

「独特の人懐こさっていうか、親切が板についているんですね。これが日本人だと、ワザとらしくてウザッタイだけになると思うんです。それが彼だと、私がホントに困ったときには、絶対彼が助けに来てくれるだろうなって、素直に思えてくるんです」

## プチッと

そういう幸せな日々が続いて半年ばかりが経ったある日のこと。突然彼が、日本語学校をやめてしまった。驚く彼女に、彼は散々学校教師の能力のなさやシステムの悪さを挙げたてたが、そんなこと、今の今まで彼から一度も聞いたことがなかったのである。

なにをどう言えば良いか分からなくて、とりあえず、それで次の学校は見つかったの？と尋ねてみると、彼が言うことに、他の日本語学校へも行かない。日本語なんか学校へ行かなくても働いていれば覚えられる、と。

それって、つまり、あなたはただの不法就労者になるっていうこと？ そう言ってみたい気持ちを抑えて、彼女が尋ねたのは、それで二人はどうなるのかということだった。

彼は一転朗らかな顔つきになって、できるだけ早く結婚しよう、と妙に力強く言った。君はぼくが大学に入ったらなんて言っていたが、もうそんなに待つ必要はなくなったんだ。ぼくは日本の大学へ行くのもやめたんだからね。大学なんて国でちゃんと出ている。いまさらもう一度行く必要なんかないじゃないか。

大学の学費を貯める必要もなくなったわけだから、これからは昼間も働いて資金を貯めて、そうだねえ……一年後にはビジネスを始められるだろう。唯一の問題点は、学校に籍がなければ滞在資格がそのうちに切れてしまうということだ。働くことだってできなくなる。そこで、早めに結婚してしまえば、その問題もなくなる……。

こういう彼の話を聞けば聞くほど、彼女はなんとも納得のいかない気持ちになるのだった。彼が以前に語っていた夢は、自分の夢でもあった。そのために自分は弁当まで持って行ったのではなかったか。しかし、家路に向かって一人電車に揺られていると、そもそも自分がなぜ彼の大学入学をあれほど楽しみにしていたのか、自分でもよく分からないのだった。

その日の夜、彼女は両親に彼とのことを相談した。両親は、なによりも二人の仲がそこまで進んでいたことに驚いたようだったが、そうとは言わず、ともあれ今は結婚を急ぐべきではない、という意見だけを述べた。患者が念のために尋ねてみると、父は、外国人が男の場合、日本人と結婚していればそれだけで日本にいつまでも滞在していられるなんてことはない、と断言した。母は、そもそも彼が滞在許可のことを結婚と絡めるのが気に入らないと言ったが、それは彼女自身がひそかに思っていたことでもあった。

両親は、結婚に反対とまでは言わなかった。もし頭から反対をされていれば、彼女はそれに反発して、というだけのことで結婚に踏み切っていたかもしれない。

「あの日、両親に相談したとき、私とうとう、私たち二人だけを包んでいた透明な膜みたいなものに、プチッと穴をあけてしまったんですよね。その穴を通してスーッと外の空気が入ってきて……それまで二人だけで呼吸していた空気に混じってしまったんです、多分」

翌日彼女は彼に会って、しばらくの間、弁当を届けに来るのは止めると告げた。あなたのことは今でも死ぬほど好きだけど、もしかしたらもう別れたほうが良いのかもしれない、と。

このとき、彼の態度如何では多分、彼女が考え直す余地はまだ十分にあったのだろう。しかし、その時の彼は、息を呑み、しばらくは言葉も出ない様子だったが、我に返ると妙に卑屈になって、別れないで欲しい、君と別れたらぼくは日本に定住することができなくなる、そうなったらビジネスだってできない、と訴えるように言ったのだ。

彼女は逆上した。あなたにとって、日本に定住するってことが一番大切なことだったのね。それなら相手は私じゃなくても日本人の女性なら誰でも良かったんじゃない！　でも、お生憎《あいにく》さま。日本人と結婚しても、定住許可なんて貰えませんからね。

彼女が喚《わめ》きたてると、彼の態度がまた変わって、そうじゃない。ぼくがいつまでも日本で暮らしたいのは、君と一緒に居たいからだ。しかし、一緒になる前に国外退去になったら、なにもならないと思っただけのことなんだ。もし君が望むのなら、ぼくは別の日本語学校に通う。大学に進むようにだってする。とにかく、君を失うぐらいなら、ぼくはなんだってできるのだから、とまで言ったのだった。

それじゃ、少し考えてみる、と彼女は答えた。それほどまでに譲歩されれば、そう答えるほかはないではないか。しかし、工場から駅までの道を歩いているとき、彼女は、自分の肩を包んでいる彼の腕が今日は妙に重くるしいと感じていた。こんなことは前には一度もなかったなあ。

結局、それ以来彼女は二度と彼に会うことはなかった。何度か自宅に電話が掛かってきたようだったが、家族が取り次がないでいてくれた。

正直なところ、彼女にはもう彼の本心をどう考えたら良いのか分からなくなっていた。自分が邪推しただけなのかもしれない。彼には自分を利用するつもりはなかったのかもしれない。しかし、問題はもう、彼の「本心」がどうのこうのといったことではなくなっているという気もした。彼にとって相手は私でなくても良かったのではないか。そういう疑いがいったん浮かんだ以上、もう以前のような自分には戻れない。それが彼女にはこのうえなく悲しいことに思えたのである。

「コップの中に小さな油が一滴浮いてたら、もうその水は飲めないじゃないですか。彼が切羽詰まってあんなこと言っちゃったっていうのも、私、分かる気はするんですね。不安定な身分で日本に居るわけですから。だけど、私のほうも、心に疑惑がひとつ浮かんでしまった。それはもう取り消せないんです。私、もう彼とは決定的に駄目っていう感じでした」

## 「ママ」という声が

それから三ヵ月ばかりが経ったある日、例の短大時代の友人から電話があった。彼女とは、彼のことを「不法労働者」呼ばわりされて以来連絡を取り合っていなかったのだ。今になってみると彼女の言ったことが、結果として正しかったことになる。そう思うと、ちょっと悔しくて、電話口に出るのはちょっとためらわれた。しかし、やっぱり友達は友達だし、一応経過報告しておかなくてはならないか、と考えて電話口に出た彼女に、その友人は意外なことを言った。

「あなたねえ、どうしてお葬式の知らせぐらいくれないのよ!」

何のことかと尋ねてみると、彼が亡くなったと言うではないか。友人は、アフリカの学生から最近聞いたばかりで詳しいことはまったく知らないのだと言う。

彼女は慌てて、もう夜半だったにもかかわらず彼の勤め先の工場へ行ってみた。しかし工場の人の話では、彼はその工場を二ヵ月前にやめてしまっていて、その後どこへ行ったのか分からないということだった。

翌日大使館に問い合わせてみると、彼は北関東の建設現場で事故死したと教えられた。彼の家族は貧しくて遺体の引き取りにも来られないと言うので、日本にいる仲間たちが遺骨を国に送ったという。

「えーっ、どうして？　彼のお家って大地主なんでしょう！」

しかし、大使館の人は、そんなことは聞いていないとそっけなく答えただけだった。

不思議と涙が出なかった。彼女は、悲しいと呟いてみた。それでも涙は出ない。私、悲しくないのかなあ。そう言えば、三ヵ月前に別れた時、いつかはこういうことになるような、そんな気がしていたような……え？　これってどういうこと？　彼が死ぬって分かってたってこと？　じゃあ、私は彼を見殺しにしたんじゃない！　いや、見殺しじゃない。私が彼を殺したも同然だったんだ。だって、あの時……。

彼女は、迷路の中を進むように、考えに考えた。昼も夜も。両親が心配して、知り合いの医者から睡眠薬を貰ってきてくれたが、彼女は要らないと断った。眠れてはいなかったが、それで困ることなんかなかった。困るどころか、考えなくてはいけないことが次から次へとたくさんあったのである。

考えに考えているうちにだんだん、その考えが煮詰まってきた。彼は嘘をついてまで私と一緒にいようとしたんだ。そんなに私のこと想ってくれていた彼のことを、私は忘れちゃいけない。しっかりと覚えておこう。それが生き残っている私の義務なんだ。

しかし、彼と過ごした時間のことを頭の中に刻みつけておこうとすればするほど、その頭がクラクラして、すべてがなんだか夢の中の出来事だったように思えてくる。彼ってどんな人だったのだろう。彼って本当にこの世にいたのだろうか。

ある日、それが昼なのか夜なのか患者は覚えていないのだが、母親に無理矢理浴室に連れて行かれた。久しぶりのお風呂だなあ。湯に浸かって手足を伸ばしたとき、おなかの辺りで「ママ」という声が聞こえた。あ、あなたね。返事はなかったが、彼女にはそれが誰なのか分かっていた。

「あーあ、あなたには可哀想なことをしたよね。あなたのパパは死んじゃったんだってよ。

ママのせい。ごめんね。あなたのために籍にだけでも入っていればよかったよねえ」

そう話しかけると、おなかの子は「ママ」と返事をしてくれるのだった。

「ママね、絶対あなたのことは守るよ。二人っきりでもちゃんと生きていこうね」

以来、患者は自分の言葉通りに生きてきたのだった。もっとも、

「私、自分が妊娠なんかしてないことぐらい分かっていました。だけど、そういう体的《からだてき》なこと以外にも別の現実がある……私はそれを精神界って呼んでいたんですけど、希望って言うのかなあ。希望っていうと普通は未来や現在のことだけど、過去に希望をつなぐことができるもう一つのチャンネルがあるんだっていうことなんです」

「だけど、初めてここの精神科に来たとき、先生が部屋の一番奥に座っているのを見て……先生、窓を背にしてたから逆光で、こっちからは顔なんかよく見えなかったですよ。だけど、シルエットの人と話すってのがなんかすごく神秘的で。私、精神科医って精神界に座っているもんなんだあって思ったんです」

その時のことは僕もよく覚えていた。何しろ、その二つのセイシンカイという言葉から面接が始まったようなものだったのだから。

「それで、その時考えたんですよ。精神界のことは精神科医に任せておいて、私は体的な人

生の方に専念しようって。そうしなかったら、そっち（の世界）にだけ住んでる両親との繋がりがなくなってしまいそうだったし、ホント、両親は私のことをすごく心配してくれてたのに、このままじゃ、もっともっと悲しませてしまうと思ったんです。で、そう考えたのは結局正解でした。私、なんとか普通の暮らしができるようになったし、彼とのことも、先生と話しているうちに、思い出の中のこととして考えることができるようになりましたから」

このとき以降、彼女は「声」を聞くことがほとんどなくなった。僕は彼女の薬を少しずつ減らしていって、それから半年後には治療を終えた。

## 奇妙な〝純粋さ〟

さて、愛情のもつれは、以前から、発病のもっとも大きな引き金のひとつとして知られてきた。しかし、この患者の受診以後、僕は、確かに愛情には違いないのだけれども、そのニュアンスがちょっと独特で、旧来の「愛情」という言葉では捉えきれないような、そんな愛情が問題となる症例を診ることが多くなった。そういう愛情のことを、患者によっては「純愛」と呼ぶのだが、そこに含まれている〝純粋さ〟が僕には少々奇妙で、一時期ある人々が某国元皇太子妃の「不倫」を「純愛」だともてはやした時のような、ちょっと腑に落ちないものを感じてきたのである。

例えば今の症例で言うと、「不倫」ほどの違和感はないものの、患者の「純愛」は「私たち二人だけを包んでいる透明な薄い膜」とイメージされ、それは、親に恋人のことを話すだけでも「プチッと穴があいてしまう」ほど脆いものだった。

純粋なものほど脆いというのは当たり前のことなのかもしれないが、この患者の場合、「彼」にとって相手は自分でなくても良かったのではないか、という疑いがふと頭に浮かんだだけで、「コップの中に小さな油が一滴浮いてたら、もうその水は飲めない」のと同じで、「それはもう取り消せないんです。私、もう彼とは決定的に駄目っていう感じ」になってしまうのだった。

もちろん、こういうイメージはこの患者だけのものであって、直ちに「純愛」というものがすべてこうしたものだと断定することはできない。しかし、僕には、この患者の表現には他の患者たちの感じ方考え方に通じるものがあると思えるし、いや、単に精神を病んだ人たちのみならず、今の若い人たちにかなり広く信じられている「純愛」というものの姿を浮き彫りにする何かが隠されているような気がする。

この本では、いくつかの症例を通じて、この「純愛」というちょっと厄介なものの正体を少しずつ調べてみようと思う。

# 第1章　ろ過された想い

「おかしくなりそう」

それは、やせた背の高い若者だった。眼鏡をかけて、気の弱そうな顔つき。ラフに裾を出したシャツの重ね着や厳《いか》ついスニーカーがちょっとちぐはぐな感じだった。彼は椅子に座ると伏目勝ちに、なんだか言い訳でもするような口調で、

「どうも気が変になりそうな感じなので、ほんとうにおかしくなる前に病院に行っとこうかと思ったんです」

と言い、それからチラッとこちらを見た。その彼の表情に、僕はちょっと自然でないものを感じた。この人はもうすでに精神病にかかっている。そんな気がしたのだ。しかし、あいにく、どの精神病なのか、というところまでは分からない。

精神科医というのは、患者の顔を見ただけである程度、病気の見当がつかなくてはならない。それができてこそ、どういう具合に話を聞いていけば良いか、面接のおおよその方針も決まるものなのだが……この青年の場合、僕には肝腎のその見当がつかなかった。そこで、ひと通り

の症状チェックをしてみたが、たいしたことはなにも摑めない。どうも淡い妄想ぐらいはありそうな感じなのだけれども、ざっと聞いたぐらいでは、はっきりとしなかったのだ。

仕方がない。僕は、発病したとおぼしき辺りの話から聞くことにした。

患者によると、自ら「このままだとおかしくなりそう」と感じはじめたのは三ヵ月ほど前のこと。それはまだ冬の話で、コンビニでアルバイトをしている最中に、たいした理由もないのに落ち着かなくなったり苛々するようになり、その「症状」が日を重ねるごとに少しずつひどくなって現在に至っているのだとか。

それでは、そんな風になったきっかけはなんだったのだろうか。尋ねてみるが、心当たりはないという返事。そこで、僕は、彼の発症に先立つと思われる正月休みに彼がどこにいたのか聞いてみた。故郷には帰らず東京にいたという返事。

「どうして帰らなかったんです？　なにか事情があったんですか？」

この質問に始まって、質問に質問を重ねるうちに、ちょうどパズルの絵柄が少しずつ埋まってゆくように、いろいろなことが明らかになり、最終的には、パソコン通信を行なう中で生じた彼の病理の全体像が摑めた。しかし、その面接の過程を順序通り再現すると、話があちこちに飛んで錯綜することがはなはだしいから、パズルでいえば「ピース」がすべて嵌まった形でこの男性患者の話をしようと思う。

## 打算の付き合い

患者は、国立大学の三年生で、二十一歳。元々はパソコンに大して関心を持っていたわけではなかった。経済学部に在籍してはいても、数学が苦手なので、将来金融工学をやろうとは思わなかったし、今現在のおもちゃとしても値が張りすぎるので手を出さないでいたのである。パソコンが友達作りに役に立つかもしれないなどとは考えたこともなかった。

ところが、一年の冬学期に、「ひとりの教師が突然インターネットでレポート提出をさせるとか言いだして、経済政策の授業のはずなのにワード（ワープロ）とエクセル（表計算）の特訓講座を始めちゃった」のだとか。くだらない、と思いつつも単位取得のためには仕方がないと考えてやってみたら、これが結構面白い。そこで、バイトで稼いで貯めてあったお金を吐き出して、一台、割とイイ奴を買った。

暇にあかして、あれこれと弄《まさぐ》っているうちに、何となくの好奇心からパソコン通信をやってみると、不思議なことにすぐ友達ができた。

「ネットの友達って簡単にできるものなんですね。本心を語るのって、今は難しい時代じゃないですか。大げさっていうか、恥ずかしいっていうか。だけどネットの中だと、さらっとできるんですよ」

それまで彼は、初めての人と友達になること、とくに男の子と自然に仲良くなることは難しいと思ってきた。付き合いたいという自分の意思を相手に伝えるのが「さらっと」いかず、面倒な気がしていたのだ。その点女の子のほうは、「ナンパ」するとか「告白」するという手がある。患者にも以前にはアルバイト先で知り合った「彼女」がいた。しかし、付き合ってしばらくした頃、二股を掛けられていたことに気がついて別れた。

スポーツ系のサークルで知り合った「彼女」がいたこともある。顔の可愛い子で、サークルをやめてからもしばらく付き合っていたが、結局は別れてしまった。相手がどう感じていたかは分からないが、自分のほうは「いつも、とにかく会話を繋げなくっちゃみたいな感じ」になってしまうのが我ながら嫌だったのだ。

「エッチするのだって、男だ女だみたいなことをお互いに確認するだけみたいな気がしてきて……こんなことしてて何の意味があるんだって」

そもそも、彼がこのサークルに参加したのは、一年のときで、「友達作り」の目的からだった。スポーツ系と言っても、実際は季節季節でテニスをしたりスキーに行ったりする、いわばお遊びグループ。彼の大学の学生が中心メンバーにはなっているが、他のいくつかの大学からも学生が多数参加している。

しかし、実際には、思いの外に古臭い人間関係が残っていて、たいして年も違わないのが先輩だ後輩だとうるさいし、その先輩たちときたら三角関係や四角関係で縺《もつ》れているしで、がっかりした。おまけに「情報ネットワークとしても中途半端」で役に立たない気がした。どうせなら同じ大学の同じ学部、いや同じ学科の人たちだけに絞って付き合ったほうが能率も良いかと思って、サークルは半年ばかり在籍しただけでやめ、学科内の経済研究会というのに移ってしまった……。

ここのところの理屈が僕にはピンと来なくて、患者に尋ねると、

「大学で無理なく無駄なくやっていくにはどの授業をとると楽に単位が取れるかとか、レポート用の資料はどこで探すと安上がりで簡単かとか、いろんな情報が必要なんですけど、そういう情報って学科の先輩からの口コミが一番なんですよね」

クラスでも、学科の先輩と繋がりを持っている人と親しくするようにしている。「情報ネットワーク」になるからだ。と言って、そうではないクラスメイトと全く付き合わないというわけでもない。「同じ船の乗客同士の付き合い」と割り切って「一応そつなく」付き合っている

のだとか。

「なんかのときに助けになるかもしれませんから」

僕がちょっと黙っていると、彼は少し語気を強めて、

「打算の付き合いですよ。それぐらいは自分でも分かってます。だけど、中途半端に妥協したって、本当の友達なんかできっこないんですから」と言って直ぐに、

「サークルで友達作りっていうのだって打算じゃないですか」と付け加え、それからにやっと笑うと、

「居直りですけどね」と言ったのだった。

## 本当の友達

そんな彼だが、いや、そんな彼だからこそなのかもしれないが、ともあれ、パソコン通信を始めてみると「打算」なしの「本当の友達」がいとも簡単にできるのは、ちょっと驚きだったようだ。面白そうな話をしているチャット（集団会話）を見つけたら、軽く挨拶をして、あとは自分の意見を書き込むだけ。たいした遠慮は要らない。そのうちに、気の合う人ができれば個人的にとことん「話す」ことだってできる。

「ぼくがはじめてネットで(本当の)友達になったのは腎臓病の人だったんですよ。病気が重くて家からほとんど外に出られないっていうんで、まだ一度も顔を合わしたことはないんですけど、親友と言ってイイとぼくは思ってて……あ、彼は中学生なんです。普通、大学生と中学生が知り合って対等な友達になるなんてありえないじゃないですか。だけど、ネットではそれがアリなんですよね」

パソコン通信では、当然のことながら、顔を合わせない。それだけに、愛だの友情、はては人生とは何かなど、本当は誰かと話し合ってみたいのに、なんとなく面と向かって話すのが恥ずかしいようなことも、平気でメッセージとして送ることができるのだった。

「こういう古臭い話題をパソ通で喋っていると、ひと昔前の人間になったみたいな感じがしてホッとするというか、変に懐かしい感じになるんですよ」

もちろんパソコン通信での人付き合いも良いことばかりではなかった。友達になれると思ってメールの交換を始めたのに、些細な言葉尻をとらえて難癖をつけてきたり、侮辱するようなことを言ってくる人がいたし、逆に、こちらには相手を傷つけるつもりがないのに、勝手に傷ついたと文句を言ってくる人もいた。

しかし、そうした人たちのことがまるで理解できない、というわけでもなかった。彼自身、自分を見失うような感覚にとらわれることがあったのだ。ディスプレイに浮かび上がってくる自分の言葉に引きずられて、それまで考えたこともなかったような「大げさなこと」をキーボードに打ち込んで、それをそのまま送信してしまったりする。

「そういうのって、作り話でも嘘でもないんですけど、ハマリ込んで書いているうちに、ふっと、本当にこれが自分の本心か？　みたいな疑問が湧いてくるんです。ぼくがちょっとそういうことに過敏だっただけかもしれないですけど」

パソコン通信で様々な経験をするうち、「トシオ」というハンドルネーム（パソコン通信上のニックネーム）の人が二人目の〝友達〟になった。「トシオ」はメッセージのやりとりを始めたときからちょっと変わっていた。初めからいきなり自分の身の上話を書いてきたのである。いくらパソコン通信でも珍しい。

しかし「トシオ」のメッセージを読むにしたがって、自分がどれほど「彼」に必要とされているのかが分かってきた。それほど「彼」のメッセージには、長年抑えてきた気持ちを一挙に吐き出すような、ある種の勢いがあったのだ。

「彼」の書き連ねてくる悲惨な人生に比べれば、自分の暮らしがどれほど恵まれたものであったことか。

自分だって辛い思いをしたことはある。高校のころ、ちょっと登校拒否気味になったことがあったのだ。しかし、父親が担任と話し合ってくれ、その結果、なんとか卒業させてもらえたので、今はこうして大学に通うこともできている。仕送りも東京暮らしには不足があるけれども週二回アパートの近くのコンビニでアルバイトをして何とかなっているし、アパートの自室でパソコン通信をしたり、インターネットに接続をしたりするぐらいの余裕はあるのだ。子供の頃だって、少なくとも精神的には、豊かな家庭に育った。幼いときから、父はよく遊んでくれたし、母親は図書館で絵本をたくさん借りてきて読み聞かせてくれたのだ。

しかし、「トシオ」に出会うまでは、自分が恵まれているなんて考えたこともなかった。それだけに、そのことに気づかせてくれた「トシオ」の力になりたいと思ったのだ。もちろん、「トシオ」がこれまで味わってきた苦労が自分にも肌身に染みて分かるというわけにはいかない。しかし、自分の経験、高校時代のあの辛い日々のことを思い出すと、今「彼」になにをしてあげれば良いかの想像はつく気がした。かつて自分が苦しんでいるときに切に望んで得られなかったのは、誰かにとことん話を聞いてもらい、君は間違っていないと言ってもらうこと、ただそれだけだった。これを「トシオ」にしてやろう。そう考えた彼は、ひたすら「トシオ」

のメールを読み、励ましの言葉を書き送った……。

**嘘じゃなかった**

そういう付き合いが一年ほど続いて、去年の暮れ。故郷の両親が年末のうちから父親の永年勤続表彰の旅行にでかけてしまい、帰省しても家に誰もいないので「今年は正月のプランが決まらない」とパソコン通信で書いたら、「トシオ」が初詣に行こうと誘ってくれたのだった。

彼とは以前から、ぜひ一度ログオフ(本当に会うこと)しようという話になってはいたのだが、それまではなかなかお互いの都合がつかないでいたのである。

そして、その大晦日の夜。原宿の駅前は混んでいるからと、代々木の交番の角で待ち合わせたのに、案に相違してそこも大混雑だった。必死になって、前もって教えられていた服装の人を目で探している彼に、突然話しかけてきた女性がいた。

「虫眼鏡さん？　私、トシオです」

見ると確かにトシオが着て来ると言っていた白いジャンパー。しかし、それを女性が着て自分の目の前に立っているのはどうしたことだろう。彼が呆然としていると、その女性は、

「ごめんなさい。ビックリしたでしょう、こんなオバさんが出てきて。若い綺麗な子だった

ら良かったでしょうけどねえ」

「あなたがトシオさんなんですか?」

彼はそう言って直ぐ、自分が間の抜けた質問をしたことに気がついて、妙に慌ててしまい、女の人と会うとは知らなかったからこんな汚い格好で来てしまった、とさらにピントの外れたことを言った。それでも、相手がにっこりしてくれたので、少しほっとし、余裕を取り戻しもして、

「会えて嬉しいです」と言いながら右手を差し出すと、「トシオ」さんは心なしか頬を染めながらも、その手を握り返してくれた。手袋同士の握手だったから手の温もりが伝わってくるはずもないのに、何となく暖かいものが感じられたのが不思議だった。

時計を見ると、年が改まるのにはまだかなりの時間があったから、初詣客目当てに開いている数少ない喫茶店のひとつに入ることにした。

店の中はすいていた。薄暗い照明の中で「トシオ」さんがジャンパーを脱いでジャカード織のスウェター姿になったとき、微かに化粧水だかコールドクリームだかのいい匂いがした。どうしてこんなに素敵な人が男のハンドルネームを使っていたのだろうと彼が疑問に思ったとき、それを察したかのように彼女が説明を始めた。

それによると、元々はトシコという本名でパソコン通信をしていたのだが、あるとき、パソコン操作についての質問を「掲示板」に出したところ、悪戯メッセージがワンサカ来て、中には卑猥なのやナンパするようなのまでがあったのだとか。それまで、パソコン通信をする女性が少ないせいか、皆にやたらと親切にされ、改めて自分は女だったんだというような感動さえ覚えていたのだが、あくどいメッセージの洪水に曝されてみると、やっぱり面倒の少ない男のハンドルネームのほうが楽かと考えたのだった。

そんなわけで「トシオ」になり、パソコン通信を再開してしばらくしたとき、患者の「虫眼鏡」という中性的なハンドルネームを見つけた。何週間か「虫眼鏡」君の書くメッセージを見守ったあとで、彼がその名前にたがわず男だ女だということにとらわれないで、一人の人間として物事を考えていることが確認できたので、彼宛てにメッセージを送ったのだった。

そういう彼女の説明を聞きながら、患者は今日でかけてくるとき、自分が期待の反面不安を抱いていたことを改めて思い出した。患者はそれまでにも何度かオフ（仲間に直接会う）会に行ったことがあって、実際に会ってみるとネットを通じて知っていたのとはまるで別人、という感じがして失望することがたびたびあったのだ。

「目の前にいる人たちが人間のぬいぐるみでも被っているんじゃないかって、なんだか非現実的に思えることもよくありました」

しかし今、患者は、「トシオ」が「トシコ」となっても、その人柄になんの変わりもないことに気がついたのだった。自分が「トシオ」とパソコン通信をしていたときに感じていたように、目の前に座って誠心誠意これまでの経緯を説明しようとしているこの女性も繊細で、人がなぜこの世に生まれ、何のために生き、そして死んでいくのか、深く考えようとしている。そんな気がしたのである。

「それに彼女が(パソコン通信で)書いてたことも、大体は嘘じゃなかったんです」

「トシオ」から聞いていた話では、父親がアルコール依存で暴力が絶えず、母親もその暴力に耐えかねてトシオが小さいときに家を出てしまったので、「彼」自身は因業な父方の祖母に育てられた、ということだったが、そこまでは本当の話だったのだ。違っていたのは、「トシオ」が遠縁の酒屋で住み込み店員をしているという話だったのに、「トシコ」のほうは居づらい家庭から逃れるために中学時代の同級生だった酒屋の長男と結婚した、という点だけだった。

「トシオ」は一介の店員ということだったが、「トシコ」だって大きな酒屋の若奥様なんていう暮らしではなくて、朝から晩まで販売と配達をしているだけ。住み込みの人たちとなにも変わりゃしない。変わらないどころか、仕事の合間には姑の指図にしたがって食事の用意や片付けをやっているのだから、あるいは店員以下の暮らしかもしれない。子供たちの幼稚園の送り迎えだって、いつもさせてもらえるわけではなくて、姑が風邪を引いて寝込んでいるときぐらいのこと。姑に簿記を習うように言われて講習にも通ったが、経理は昔からいる夫の伯母が取り仕切っていて、やらせてもらえるのは伝票の整理だけ。

だからと言って、今の暮らしが堪らなく不満というわけではなくて、自分が育った家庭に比べれば、ずっといい。ただ、

「時々、別の人生もありえたんじゃないかなあって思うことはあるのよね」

夜皆が寝静まってからパソコン通信するのがたったひとつの愉しみ。パソコンは、簿記の勉強のために買った。将来きちんと簿記の学校に通ってから、経理事務所で働くのが夢。小さな夢と人は笑うかもしれないが、幼い頃から大きな夢を見てろくなことは無かったから、間違っても自分の経理事務所を開きたいなんてことは考えない。

夫は夕飯を済ませるといつもテレビを見ながら鼾《いびき》をかいてうたた寝をしてしまう。決して悪い人ではないが、鈍感で人の気持ちが分からない。人生について考えることもないようだ。しかし、夫のおかげで人並の暮らしができるようになったのだから、夫のことを冷めた目で見るのは申し訳ないとは思う……。

患者がそんな風に、トシコさんから聞いた話を事細かにするので、僕はちょっと驚いた。いくら以前からパソコン通信で〝友達〟だったとはいっても、トシコさんが初対面の彼に、よくもまあ、そんな家の中の話までしたものだ。そう僕が言うと、彼は首を傾げて、

「そう言われればそうですけど……」と言い、

「でも、パソ通で知り合うとたいていそんなものなんですよ。顔を合わせない気楽さで心の中のこと洗いざらい話すから、情報量でいうと、普通、一緒に暮らしている人の何倍もお互いのこと分かり合ってるものなんです。彼女も会ってみたらぼくが若い大学生だったんでちょっとヒクところあったみたいだけど、話しているうちに前から(パソコン通信で)知っていたとおりの人間だって分かって安心したみたいで……お互い、本質的なことは何にも違わないって実感したっていうか……人間と人間の出会いって、本当はこういうものなんじゃないでしょうか」

## 秘密のルール

大晦日の話に戻ると、二人は、しばらく喫茶店で話をしてから、初詣にでかけたのだった。

参道は参拝に向かう人でぎっしり。二人は手を繫ぎ、真っ暗な中をただひたすら前の人に付い

てゆく。所々でボーイスカウトの少年たちがかがり火の番をしていた。彼がそうっとトシコの横顔を見てみると、俯《うつむ》いて足元の地面を見ていた端正な横顔が、気配を感じてこちらを向き、少し恥ずかしそうににっこりと微笑むのだった。

本殿の前でお賽銭を投げ、各々の祈願をしてから、二人は、また手を繋いで黙ったまま人波に流されて先程の交番の角まで戻り、そのまま新宿へと歩いていった。それで駅前まで来てしまうと、思わず一緒にふーっと溜息をつき、顔を見合わせて、声を出さずに笑った。彼がそのままぼんやりしていると、トシコは厚着の袖をまくって時計を見ながら、

「もう帰らなくちゃ」と言い、

「今度からメールで話さない?」

もちろん彼の側に異存はない。二人はアドレスを教え合った。これからはチャットのときと違って二人きりで話せる。何と素敵なことだろう。

二人きりでということなら、電話という手もあっただろうに、と僕が尋ねると、彼は「アドリブが苦手だから」ゆっくり考えて返事できる電子メールのほうが自分には向いているのだ、と言った。もちろん彼女のほうも、家族の手前、電話はちょっと都合が悪かっただろうし。

電子メールのやりとりは元旦のその日から始まった。

家に帰ってパソコンを立ち上げ、ネットに接続し、暗証番号を打ち込んで照合を待つ間の数秒間。それまで何度もやって慣れっこになっていたはずのことが、「真夜中のせいかもしれないんですけど」なんだか秘密のルールかなにかのように思えてくるのだった。

「変な話なんですけど、昔、母に読んでもらったピーターパンの話なんかを思い出しちゃうんですよ。ぼく、ちいちゃかった頃、皆が寝静まっても自分ひとり起きてて、息を殺してピーターパンが来るのを待ってたりしてたんです。あんな、変にわくわくする感じだったんです」

また別の新鮮な驚きもあった。彼女への思いをキーボードで入力すると、それがディスプレイに明朝体の活字で浮かび上がるのだ。

「自分でもホントーに不思議なんですけど、（初詣の夜に）ほんの何時間か一緒にいただけで、それまでの友情が愛情に……ぼく、それまで愛なんていう言葉、本気で使ったことなかったんですよ。冗談で、それ愛だろ、とかって言うことはありましたけど。もしかすると、この世にホントの愛なんてないって思ってたかもしれません。だけど、あったんですよね」

彼はそういう内容のことを「照れもせず」メールに書いた。何度も何度も文章を練り直していると、「何か自分の想いがグーッと凝集するみたいな感じ」がしてくる。そして、最後に送信のボタンを押すと……その「凝集」した自分の想いがケーブルを通って進み、交換機やサーバーを通過していくうちに「ろ過」されて、ますます「ピュア」になって、彼女のパソコンへ届く。その過程がすべて目に見えるような気がしたという。

彼女からも、愛について同じことを考えていたという返信メールが来た。彼女の「想い」も、自分のと同じルートを逆向きに通って来て、目の前のディスプレイに到達するのだ。人間の魂とはこんな風に体を離れて行き来するものだったのか。彼は夜中に、無理をして起きているという感覚もないまま、何時間もパソコンに向かっていた。

「それで夜が白々と明けてくると、パソコンをシャットダウンした後でランプを消して、それからベッドに入るんですけど、なんかほっとするっていうか、充実感があるんですよね」

ランプというのは彼が以前古道具屋で見つけた灯油を入れて使う奴で、彼は長らく部屋の飾りにしていたのだが、トシコとメールの交換をするときには、部屋の電気を消して、そのランプに灯を点すようにしたのだった。

「このことのためにランプを買ってあったんだなって思いましたよ」

## パソコンの前に座りつづけ

そうこうして初詣から二、三週間が経ったころ、家に帰ってパソコンのスイッチをいれてみると、いつも来ているはずのトシコからのメールがひとつも届いていない。どうしたんだろう。

彼はメールを送りつづけたが、次の日も、その次の日も返事は来なかった。

彼女からメールが来たのは五日目のことだった。

〈至急会いたいので代々木のあの喫茶店に来てください〉

彼がアルバイトを休んでそこに行ってみると、彼女はもう来ていて、

「ごめんなさいね、急に呼び出しちゃったりして」と、いかにも申し訳なさそうに言った。

夫が何かの拍子に彼とのメールのやりとりを覗き、そこに愛の言葉が連なっているのに逆上して彼女のパソコンを叩き潰したのだという。困った彼女は、よそでパソコンを借りてメールを送ってきたのだった。

「そういうわけで、しばらくあなたとメール交換ができなくなったの」

トシコの顔は妙な高ぶりを見せていた。目がなんだかきらきらと輝き、頬が少し痙攣している。この人は死ぬつもりじゃないだろうか。もし死のうと言われたら……死ねる。彼は、そう思った。

二人はそれから、どこへ行く当てもなかったので、初詣のときと同じ道を通って明治神宮へ向かった。昼間歩く参道は、都会の真っ只中のはずなのに、周りが鬱蒼とした森になっている

し、人影もほとんどないせいか、妙に現実離れした不思議な感じだった。二人は手を繋ぎ、何も話さないで、ただただ歩いた。手袋なしのトシコの手は、信じられないほど柔らかい。

神宮の森を出てからも、決まったルートをなぞるように、初詣の日とまったく同じ道を代々木、新宿と歩いた。町には人がたくさんいるはずなのにざわめきはほとんど耳にはいらず、なんだか森の道の続きを歩いているかのようだった。そして歩き疲れたとき、目の前に小さなホテルが現れた。

「あんまり自然に（ホテルに）入ったってわけでもなかったんですけど、なんか、そうでもしないと、どん詰まりみたいな感じで……彼女も同じだったみたいです。ええと……肌のぬくもりが本当にあったかくて、安心な感じで。あの懐かしい匂いも……あ、エッチは結局しなかったんですよ。裸になって抱き合っただけ」

外へ出ると、トシコは
「じゃ、またね」と言った。

「ほんとうにまた会えるの？」

「大丈夫！」

トシコは明るく請け負ったが、それだけに、もう二度と会えないのではないかと彼は思った。

大人というのは深く考えもせずに未来について気安く言うけれども、実際にはここぞというときになにか適切な手を打たないと、それっきり。未来が閉じてしまうことがあるというのが、彼の、それまでの生活から得ていた実感だったのだ。しかし、だからと言って彼自身、今このときにどんな手が打てるのか、まるで見当がつかない。彼は、ただぼんやりと、トシコは自分と違って大人なんだ、と今更ながらに考えていた。

そしてやっぱり。その日を最後にトシコからの連絡は途絶えてしまったのである。彼はいつメールが入っても良いように、昼となく夜となくパソコンの前に座りつづけた。アパートから外に出た隙にメールが着いたらと思うと、学校にもアルバイトにも行く気がしなかった。食事に出るのさえ心配で、初めのころはディスプレイを見ながらインスタントのラーメンを啜《すす》っていたが、そのうちにその程度の食欲だってなくなってしまった。

ある日、つい、うたた寝をしていて、ハッと気がつくとメールが一通入っていた。トシコからだと思って、わくわくしながら開いてみると、

〈いいかげんにしろ！　いつまでこんなパソコン遊びをやっているんだ〉

差し出し人は誰だか分からない。最近では、どこで人のアドレスを手に入れるのだか、この類いのわけの分からない電子メールが勝手に送られてくるし、電子ダイレクトメールなんてい

うものも来る。しかし、彼は、もしかすると、これはトシコの夫からのメールかもしれないと思った。トシコの夫はパソコンをやらない。そう聞いていたような気もするが、怒りに任せてパソコンを叩き壊すほどの人だから、これぐらいのことはやってのけるのではないだろうか。

## 噂話

それからまた何日か、一通のメールも来ない日が続いた。ある日彼は、ふと思い立って、久しぶりにパソコン通信のチャットへ「行って」みることにした。そんなことはありえないと思いつつ、彼女の消息が何か分かりゃしないかと考えたのだ。しかし、誰も「トシオ」とは最近話をしていないと言う。

「そのまま、あちこちのチャットを覗いていたら、こんなことを話している人たちがいたんですよ」

そう言うと彼は印刷したものを僕に手渡した。

「なんかの証拠になるかと思って、プリントアウトしておいたんです」

A：不倫もいいけど、相手の配偶者に訴えられると慰謝料を取られるらしいです。

B：慰謝料って、いくらぐらいのもの？
C：わたしは五十万と聞きました。
A：そんなものでしょう。
B：そんな大金、ぼく持ってないし。
D：大金ではありませんか！
C：不倫は、とても高くつくことがあるんですよ。
A：学生さんは気をつけましょうね。結局は親に迷惑をかけることになるのですから。

誰も「トシオ」が女だということは知らないはずなのだが……それにしても、この会話は自分が「トシオ」の消息を尋ねたことと、変にタイミングが合ってやしないだろうか。彼はそう言うとこれ式のプリントアウトをいくつか僕に見せた。すべて別の日付のものだ。

確かに、どれも、彼とトシコの噂話だと言えなくはない。しかし、たまたまそれらしいだけなのではないか、と僕が言うと、

「そうなんですけど、そのうちに他の人が絶対知らないはずのことも話題にされるようになったんですよ」

彼はそう言うと、プリントアウトの束の中からまた別の一枚を取り出して僕に見せた。

E：彼はホモでしょう？
F：そういう噂だよね。
G：で、彼女はそのことを知っているんですか？
E：たぶん。
G：今は何でもありの世の中だと思います。
F：それにしても、では？　もし本当ならだけど。

どうしてこれが彼のことになるのかと僕が尋ねると、
「ホテルに行ったとき、ぼく、できなかったって言いましたよね。イザっていうとき、突然、彼女のご主人がパソコンを叩き潰す絵が頭に浮かんで、ビビったっていうか……ダメになったんです。父親のところに怒鳴り込まれたらどうしよう、とも思ったし」
え？　この話は、前に聞いたのと違う。これはどういうことだろう……。僕がもう一度、そのプリントアウトを見ながら考えている間も、彼は話を続けていた。

「その〈チャットの〉ころから大学に行っても、皆がそういう目でぼくを見るようになったんです。あいつは女と寝ても何もできないとかって、聞こえよがしに言われたこともあります」

僕はハッとして顔を上げた。妄想だ！　彼が発病したのは、このころのことだったに違いない。見ると、患者の目が異様に輝いていた。

改めてそのプリントアウトの日付を確認してみる。トシコと会えなくなってからほぼ一ヵ月。その間、不眠と疲労の日々が続いてその日に至り、ついに疑心暗鬼が妄想に転じたに違いない。

患者は、まだ話しつづけていた。声が少し震えている。

……ある日、〈トシちゃんの友達へ〉というメッセージを見つけた。読んでみると、それはある同性愛者たちのグループのチャットで、そこに書かれていたインターネットのサイトを訪れてみると、同性愛者たちのクラブが……。

「そこまでにしましょう」

僕はそう言って彼の話を遮り、面接を終えた。もう充分。診断はついたのだから。

その後も面接のたびに、彼は妄想上の話をしたがった。例えば、

……コンビニでアルバイトをしていたら、一人の男が客としてやって来た。自動車雑誌と弁当、ウーロン茶で七七七円。値段を言うと、その男はニヤッと笑って、「ラッキーセブンが連

番かいな。縁起がエエなあ。兄ちゃんもエエことあるかね?」。この男はあの日のことを仄めかしている。彼女と入ったホテルの名前が確かなんとかセブンというのだった……。

この類いの話が出るたびに、僕は早めに話題を変えた。精神科で〈関係念慮〉と呼ぶこういう話に漫然と付き合っていると、妄想が糸を手繰るようにどんどん引きだされてきて、収拾がつかなくなってしまう。代わりに僕が尋ねたのは、おもに、患者の日常生活のこと。薬の効果を確かめるにはそれが一番だったのだ。

## 魂の付き合い

そんな風にして数ヵ月が経つと、患者が妄想話をすることも、すっかりなくなったが、僕にはひとつの疑問が晴れないで残っていた。そもそも、この患者は、なぜ発病したのだろう?トシコと会えなくなったぐらいのことで、精神変調を来すというのが僕には解せないことだった。病状も安定した今、この根本的な問題にケリをつけよう。僕はそう思った。

そういえば、患者の話にはひとつ食い違いがあるのだった。それは二人がホテルにいたときの話で、患者は

「……(ホテルで)イザっていうとき、突然、彼女のご主人がパソコンを叩き潰す絵が頭に浮

かんで、ビビったっていうか……(セックスが)ダメになったんです」と説明するが、これはやはり本人が以前に言っていた、

「……肌のぬくもりが本当にあったかくて、安心な感じで。あの懐かしい匂いも……あ、エッチは結局しなかったんですよ。裸になって抱き合っただけ」とはニュアンスが違いすぎる。

そこで、妄想からすっかり解放された今、改めて、このときのことを尋ねてみると、

「ああ、あれは、そうする(抱き合っているだけ)のが愛だと思ったからなんです。ぼくたち、魂の付き合いだったから、セックスでごまかしたくなかった……」という返事。多分こっちの方が真実だろう。というのも、これだと、彼の以前からの考え方と一致するからだ。つまり、

「……エッチするのだってよく考えてみれば、男だ女だみたいなことをお互いに確認するだけみたいな気がして……こんなことしてて何の意味があるんだって……」と話が繋がるのだ。

念のために、「トシコの夫がパソコンを叩き潰す絵が頭に浮かんだ」という件も確認してみると、

「あ、あれは弱い電波みたいなものが言ってきたことなんです。トシコさんのご主人のことが頭に浮かんだからお前はインポになったって」

何のことはない。こちらは発病後の幻覚による自己解釈だったのだ。ということならば、彼

の純愛が妄想に発展したのには別の理由があったはずで、それを探るべく、あれこれと尋ねていると、彼がぽつりと言った。

「あれっきり、メールは来ません。それで、彼女のこと疑っちゃったこともありました。もしかしたら、ご主人とトラブったからぼくと付き合うのやめることにしたんじゃないかって。だって、メールぐらい出そうと思えば、どこからだって出せるじゃないですか。現に、一回は友達のところから送ってきたんだし……そんな風に思っているうちに、だんだん、彼女とオフをしてホテルで抱き合ったことも、なんだか本当にあったことじゃないような気がしてきて」

「逆に、彼女とエッチしてしまったような気がすることもありました。それなら、彼女がぼくと別れようと思ってもおかしくないし……だって、ぼくたち、魂の付き合いじゃなかったってことになるじゃありませんか」

　これだ。おそらく、これこそが彼の発病の根っこにあったことに違いない。待てど暮らせど彼女からの連絡が来ないために彼女への信頼感が揺らぎ始めたとき、彼の「純愛物語」は壊れ、不気味な「不倫物語」に変質していったのだろう。

　僕は治療の終わりに至ったと感じた。彼はというと、落ち着いた表情で、懐かしい昔話でもするような口調で話しつづけている。

「……パソ通の友達に救われたんです。腎臓病の中学生の話はしましたよね。彼に言われて……もしかすると、彼も女性なのかもしれませんけどね、うふ。パソ通って、男と付き合ってるのか女と付き合ってるのかホントのところは分からないとこあって……ま、それはともかく、その彼の勧めで、彼女とのメール読み返してみたら、あの人の存在も、あの人が言ってたことも信じていられるようになったんです。何しろ、ぼくたち、パソ通のときからずーっと、心の底からの付き合いをしてきたんですから」

患者は、今では、ひたすらトシコが夫の元から逃れて自分のところへ来るのを待っている。

「ぼく、彼女を信じて待ちます。なんか走れメロスの話みたいですけど、一生待つことになっても平気なんです。あの人、いつか自由になってぼくと結婚できるかもしれない。子連れ。そういうのでもぼくオッケーですし、結婚できなくても……ぼく、もう、彼女以外の人との結婚生活ってイメージがわかないんですよね……」

病気にはなったが、彼の愛は純粋だった。そう言って良いのだと思う。

# 第2章　心が感じる

アルバイト

その患者が「お久しぶりです」と言いながら診察室に入ってきたとき、僕は、彼女の変わりように驚いたものだった。表情がまるで自然になっている。

「ずいぶんよく治してもらいましたね」

僕がそう言うと、患者は、

「はーい。でも、やっぱり(入院は)少しつらかったです」と言い、力なく微笑んだ。

「何がつらかったですか?」

「団体生活、変に家族的な雰囲気で。私、ああいうの苦手だから」

入院生活の前後で彼女が変わったのは表情ばかりではなかった。服装もまるで違っている。以前僕の所に来ていた頃……とは言っても実際には、ほんの一度受診しただけなのだが、そのときの服装というのが、胸の大きく開いた白い絹のブラウスと首には紫のスカーフ、白いタイトな超ミニのスカートにこれまた紫の網タイツ、おまけに夏でもないのに大きなサングラス、と、いかにも、その類いの仕事ですと言わんばかりだった。どうして、この種の職業に就いている人たちは、皆が皆、これが制服ですと言わんばかりの服装をするのだろうか。僕は不思議に思ったものだった。

しかし、改めて考えてみれば、数ヵ月ぶりに僕の前に座っているこの人が、今、清楚なベージュのアンサンブルを着ていることだって、その「理由」なんか、僕には分かりっこないことなのだった。

さて、患者は椅子に座ると、膝の上のケリー・バッグから分厚い封筒を取りだして僕に手渡した。そのとき僕は、患者がこのたびは香水のあの強烈な匂いをさせていないことに気がついたのだったが、ともあれ、その封筒の中身は、彼女が故郷に戻って入院していたときの担当医からの手紙だった。

＊

前略。貴院より御紹介の患者、村○由○殿（二十一歳、学生）が、この度退院となりましたので、経過の概要を報告させていただきます。（詳細については同封の入院カルテのコピーを御参照下さい）

当院初診時、患者には未だ錯乱傾向があり、（幻覚妄想によるものと推測される）外部からの脅威に対する恐怖感も残存していたため閉鎖病棟に……（中略）……幻覚、妄想に関しては、御本人は否定的ですが、こちらでは、今なお残存しているものと考えております。しかし、総合的に見て、とりあえず外来通院可能と判断し退院していただくことにいたしました。今後は再び東京に戻られて貴院へ通院したいというのが御本人の希望ですので、御高診御加療のほどお願い申し上げる次第です。

なお、御不明な点がございましたら、いつでも御照会下さい。

＊

それは簡潔にして要点を漏らさぬ立派な病状報告書だった。僕が全部読み終えると、それを待っていたかのように、患者が質問した。

「幻覚、妄想ってKとのことですか?」

「そうでしょう。で、今はどうなんです? 彼はまだ何か言ってきますか」

「ええ、でも、返事はしないようにしています。それでいいんでしょう?」

結構。患者は以前に僕が言っておいた注意をよく覚えてくれているようだった。

「でも……私、（Kの）声のこと、向こうの先生には話してないのに、どおして聞いてるって分かったんでしょうかねえ」

「それが仕事ですからね。一目で分かるものなんです」

僕はそう言うと、カルテのコピーのほうに目を移した。カルテの最後のページに要領よくまとめられた〈退院時の所見と処方内容〉を見ると、入院中の主治医が手堅い治療をしていたことが更によく分かる。

「さて、と。これからは僕の所に通院していただくわけですけど、何か言っておきたいことがありますか?」

「言っておきたいっていうより質問があるんですけどお、いつからバイトしていいんですか?」

「アルバイトって、どんなのをやりたいんです?」

「またフーゾクです。あれやらないと、学校に行けないですよ、私」

学校? そう言えば、僕は、彼女のことをろくに知らないのだった。フーゾクもアルバイトだったとは。

## お嬢様学校

数ヵ月前、彼女を連れてきたのは店長だと名乗る男だった。その男は、彼女が出番の日でもないのにやってきて支離滅裂なことを喋りまくるので心配、いや、実は困り果てて、と外来窓口で妙に正直に言ったらしい。連絡を受けた僕は、予約外の新患だったけれども診ることにした。たまたまその午後は約束の時間に来ない患者がいて、ちょっと時間の余裕があったのだ。それで引き受けたまでは良かったが、会って話を聞いてみると、その店長は、彼女の普段の暮らしぶりはもとより、住所や生年月日だって知らない。それなら患者本人からと思っても、(スターの)Kが待っているから店に行かなくっちゃ、と妄想話をしながらうろつき回るばかり。椅子にじっと座ってさえいない。やれやれ。仕方がないので、僕は、まずは家族の連絡先だけでも、と思ったが、彼女からそれを聞き出すだけでもえらく時間がかかってしまった。

ともあれ、すったもんだの末に連絡がついて、東京に住んでいる患者の叔父という人が、家族の意向を受けて患者を引き取りに来てくれたのだが、それまでの間、僕は彼女に掛かりっきりというわけにはいかなかった。「すったもんだ」だけで時間を使い果たしてしまったので、ひとまず、患者が興奮しすぎて疲れ果てないように鎮静剤の注射を打つと、あとはスタッフに看護を頼み、僕自身は、予約通りに次々とやってくる他の患者たちの面接に戻って、その合間に、彼女がこれから四国の実家に戻って近所の病院に入院するまでの間に飲むべき薬を処方したり、その病院への紹介状を書いたりするので精一杯。患者自身から詳しい話を聞く暇はなかったのである。

それにしても我ながらちょっと杜撰《ずさん》だったか。叔父さんからでも少し話を聞いておけば良かった。僕は、初診の日から数ヵ月を経た今、改めて反省しながら、彼女の言う「学校」について尋ねてみたのだった。すると、彼女は、昔から上品なので有名、と僕だって知っている女子大に籍があるのだと言う。お嬢様学校とフーゾク⁉

僕が驚くと、彼女はにこっと笑って説明を始めた。

「うちの大学はね、今はもう昔と違って普通のウチの子が多いんですよぉ」

とはいえ、まだお金持ちの娘たちも少なくはなくて、そういう子たちは、

「上等な服を何気なく着こなしてたり、平気でイイとこでご飯食べたりする。ランチでも平気で毎日千円、千五百円と使っちゃうんですよぉ。そんなオシャレな暮らし、あの子たちにできて、私にできないっていうのが私、耐えられなかった。だって、自分で言うのはなんですけどぉ、スタイルだって私のほうがずっとイイし、顔だって……金持ちの子って、どういうわけか品のない顔してるんですよぉ。コネ（入学）だったりして、頭も悪いしぃ」

彼女は、自分に足りないのは金だけだと思い、フーゾク店でアルバイトを始めたのだった。

家からは毎月普通に暮らすだけの生活費が送られてきていたのだが。

「別に、あんな子たちのグループに入りたかったからじゃないんですよお。私だったら、もっと学校のイメージ通りの学生になれるって思っただけです」

こういう具合に彼女が次々と同級生を見下すようなことを言うのを聞いていて、僕は、ちょっと不思議な気がしてきた。言葉と違って、まるで傲慢な印象を受けないのだ。いや、それどころか、馴染の医者に何の遠慮もなく話している。そんな感じさえする。本当は、初診のときにだって、ろくに話をしていないのに……。そういえば、前にも何度か同じような経験をしたことがあるなあ、と考えていたら、こういうのは長らく客商売をやってきて人馴れしている患者に多いことだ、と気がついた。この患者も、フーゾク業が身に染みついてしまっているのかもしれない。

患者は、顔を輝かせながら、話しつづけていた。

「この服もお、成金の子たちのよりずっとランク上のブランドなんですよ。私、これ、色違いで三着持ってる。この靴だってえ……」と、それから、三十分ばかりも、あれこれとファッションの話をしたのだった。

僕がその日の面接を終えようとすると、彼女が聞いた。

「で、先生、どうなんですかあ? バイトの件は」

「僕には、まだ、あなたのことが充分に分かっていないから……それを考えるのは、もう少し先のことにしましょう」

## 二本の道

患者は二週間後の次の面接で、自分の方からフーゾク店での「仕事」について説明を始めた。それは、仕事の内容が内容だということを除けば、まあ、ありきたりの、どんなサーヴィス業にも共通するような、我儘な客とのトラブルのエピソードばかりだった。

「でも、いいお客さんのほうがもちろん多かったんですよお。そういえばあ……」

彼女は、恥ずかしそうに微笑むと、

「私、お客さんの一人とレンア、いや、お付き合いしてました。そのかた、ホント、いい人でえ……」

僕は、彼女が「恋愛」と言いかけたように思った。「お付き合い」だの「そのかた」というのはこの系統の職業の人が割とよく使う言い回しなのだが、それにしても、なぜ言い直したのだろう。しかし、僕の疑問をよそに、彼女は何事もなかったように話しつづけていた。

「……ホント、いい人でえ。ちょっと変わってましたけど」

その男は初めて店に来たとき、部屋に入ってくるなり「こんにちは、僕、安川といいます」と自己紹介をしたのだとか。まさか本名じゃないだろうけど、それにしてもなんで客のほうから先に自己紹介しちゃうわけ？　と思いつつ、彼女も慌てて自分の源氏名を名乗った。すると客は「よろしくお願いします」と挨拶する。なんか調子狂うのよねえ、こういうの。

日ごろから店で、変わった客には気をつけろと注意されていたので、少し冷淡に応対するようにしたのだが、それでも、この安川は、彼女が店に出る曜日には必ず現れ、彼女を指名してくれるのだった。店長もこの客のことは気になるとみえて、もしストーカーになりそうな素振りがあったら直ぐに知らせろと言ってくれた。しかし安川は、ずっと変わらなかった。いつも、部屋に入ってくる度に「こんにちは、またお世話になります」と言い、帰るときには「どうも、お世話になりました」と挨拶をして出ていくのである。変わってるけど、悪い人ではなさそう。彼女はそう思うようになった。

それからふた月ばかりが経った頃、ちょっとした「事件」があった。一年以上も付き合っていた「彼氏」と別れてしまったのだ。やっぱり遠距離恋愛って無理だったのかなあ。彼女は気落ちして食欲もなくしてしまったが、そこはプロ。店に出るときにはそんなこと、顔にも態度にも出さないようにしていたから、他の女の子たちにはもちろんのこと、彼女たちの様子に人一倍気をつけている店長にだって全く気づかれないでいた。それなのに、安川だけは敏感だった。

「どうしたんですか？　なんかいやなことがあったみたいだけど……あ、いや、別に、ぼく詮索するつもりはないんです。ただ、ちょっと気になっただけで」

普段の彼女だったら、「エ、私元気ですよー」と言い、腹の中で「お前なんかに心配されたかないよ」と思うところだが、その日は、つい気持ちが緩んで涙を零《こぼ》し、店が引けたらどこかで会ってくれないかと自分のほうから誘ってしまったのだった。

ホントは、こういうことしちゃいけないって店長に言われてたんだけど、まっいいよね。そんな風に自分に話しかけながら、彼女が、隣駅のロータリーに面したファーストフード店に行ってみると、安川はもう来ていた。一番隅の席で背中を丸めて小難しそうな雑誌を読んでいる。

「お待たせ。安川さんって、本が好きなのね」

「いやあ、仕事関係のなんです。すみません」

いろいろとプライベートなことを聞かれるかと覚悟していたのに、安川は何も聞かなかった。たいしてフーゾク慣れしているようでもないのに……やっぱり、不思議な人だよね。フツーだと、こういう遊び慣れていない人に限って、女の子にどうしてこんな所で働いているのかといった質問を浴びせてくる。何が「こんな所」よ。失礼しちゃう。自分だってフーゾクに来ているくせに。彼女はそう思うことが多かったのだ。

その夜の彼女は、安川が何も聞こうとしないだけに、かえって、何でも話したい気分になった。それで「遠距離恋愛の彼氏」との顚末を話しはじめたのだが、自分でも驚いたことに、話すうちに気持ちが高ぶってきてつい泣き出してしまった。すると、安川は周囲も気にせず、自分の肩を抱いてくれて、

「あなたが悪いんじゃないですよ。恋愛って二本の道みたいなもので、合流して一本になることなんかめったにないんだと思いますよ、ぼくは。普通は、うんと近づいて交差しても、またひとりでに離れ離れになるものじゃないですかね」

彼女は、思わず、彼をしげしげと見てしまった。

「この人は、何でこんなにやさしくしてくれるのだろう」

安川は彼女に見詰められると、眩しそうな目をして、

「すみません。ぼくにしては、ちょっと格好よすぎること言っちゃって」と言って俯いた。

そうよね、三十半ばで風采も上がらないオジさんの言う科白じゃないよね。どうせなら、もっと若い、格好のいい男に言ってほしかった。それだったら、故郷の元彼（氏）を見返してもや

れるのに。彼女は腹の中でちらっと、そう思ったが、直ぐに、自分の考えを振り払うように、「ううん。そんなことない」と言ったのだった。安川が中年だっただけに、彼の、恋愛は二本の道という話には説得力があるという気もしたのだ。

彼女はその夜、何となく安川と別れ難くて、彼の部屋に付いていった。驚いたことに、男の部屋のドアには「安川」と表札が出ていた。本名だったんだあ。

「ぼくの名前と同じで、安アパート」と、安川は言い訳をするように言った。

「汚い所ですみません」

確かにそこは、彼女自身のマンションのように小綺麗ではなかった。しかし、男所帯のわりには整理整頓されていて……これはこれでなんか寛げるなあ。彼女はそう思った。そして、その日以来、彼女は店に出た日には安川のアパートに泊まるようになったのである。

## ふれあいけー

店が引けたあとで、いそいそと夜道を急いでいると、ふと、私ってどうしちゃったんだろう、という気がすることはあった。しかし、先に帰っている安川に「お帰りなさい」と言われると、なんだか心のコリみたいなものがゼーンブほぐれるのだった。

店の先輩たちから聞いていた話では、客と店の外で付き合うとろくなことがないということだった。親しくなると「フーゾクなんかやめろ」と言いだすか、あるいはエッチのときにいろんな変わったことをさせたがるか、どちらかになるというのだ。

「どっちにしてもフーゾクの仕事を馬鹿にしてるってことでしょう? 私たち、一生懸命に仕事やっているんだから、そんなこと言われたりされたりする筋合いないって思うんですよね」

その点でも、安川は変わっていた。

「フツーのOLか何かと付き合ってるみたいな態度で……私たち、彼のアパートでエッチしたことないんですよお。一度、ちょっとする? とか、私のほうから誘ってみたことあるんですけど、あの人、いやぼくは別にいいですとか言ってえ。それで私、ああ、この人、〝ふれあいけー〟だったんだって思った。お付き合いはじめてからでもお店に来てくれるのは、売上貢献のためだったみたいでえ……」

「ふれあい……けー?」

僕が彼女の話を遮って聞き返すと、彼女は笑いながら〝触れ合い系〟だと説明した。

「体を触れ合うんじゃなくて、心の、触れ合い」

彼女たちは、店の営業方針で、どんな客にも「擬似恋愛」風にやさしく接することになっている。しかし、「リピーター」(常連客)の中には時々、女の子たちのそういう演技を勘違いして「ひとりで勝手にハマッて」しまう人がいるのだとか。「そんなことまで喋っちゃうの?」と言いたくなるほどに、自分の「プライベートな」話を始めたりするのだが、下手に相槌を打つと、

「まるでカウンセリングやってるみたいになっちゃうんです」

カウンセリングねえ。僕はちょっと苦笑した。おそらく、そういう店には人の相談に乗るのが天性上手い人がいるに違いない。

「それでえ、そういう心の触れ合いを求めに来るお客さんを、陰で〝触れ合い系〟って呼んでるんですよ」

彼女自身は、元々〝触れ合い系〟は苦手だった。他人の「どーでもいいよーな話」に付き合わされるのも鬱陶しいが、それにもまして、不必要に長く時間を取られるのが堪らなかったのだ。自分のように「エッチしても握手してるのと同じぐらいのタイプ」の人間にとっては、「セックスだけを買いに来る」客のほうが簡単でいい。性格のさっぱりした人が多いし……。

しかし、それもフーゾクの客としての話。店の外で付き合う分には、心の触れ合いを大切にするような人のほうがいいにきまっている。人間、エッチだけじゃしようがないもんね。それに

安川の場合「触れ合い要求度」が低くて、店でだって「カウンセリング」になるようなことはなかったのだ。

「私、キスしてって言ってみたりしました」

すると、安川は、変に真面目くさって「はい」と返事をし、彼女を抱き寄せてくれたのだった。

「ね、変わった人でしょう？　普通は、そういうときって黙ってキスするもんですよね」

彼女はそう言いながらも、懐かしそうな目をした。

「他にも、（変わったところが）たくさんあったんですよ。例えばね……」

何をするにしても、安川はいちいち彼女の意向を聞くのだった。ビール飲む？　CDつけてもイイ？　初めのうちは、こういうのが、なんだかわざとらしく感じられて、鬱陶しくさえあったのだが、ある日、一緒にテレビの「ビバリーヒルズ青春白書」を見ていたら、そこに出てくるアメリカの若者たちがそういう風な会話をしているのでびっくりした。

「それでえ、この人は本気で男女平等なんだって分かったんですよお。私のこと、女だとか年下だとかじゃなくって、一人の人間として見ようとしてくれてたんです」

安川は食事も作ってくれた。朝、彼女がふと目を覚ますと、玄関の脇にある狭い台所でコトコトと何やら刻む音が聞こえる。そして、コーンスープの匂い。これが味噌汁だったら、まるでお母さんだ。彼女はそう考えては、蒲団の中でくすっと笑ってみるのだった。もっとも、彼女自身の母親は遠くまで勤めに行っていたから、小学生時代の彼女が朝起きたときには、テーブルの上に朝食が置かれているだけで、母親の姿はなかった。だから、それは何かの本で読んだお母さんのイメージに過ぎなかったのだが、それだけに、彼女は自分が物語の主人公にでもなったような気がして、なんとなく嬉しく、目がすっかり覚めても、しばらくの間は蒲団の中でじっとしているのだった。安川が、ご飯だよ、そろそろ起きたら、と声をかけてくれるまで。

安川と付き合えば付き合うほど、彼女は、彼に「男の度量」を感じるようになっていた。男だからとか、年上とかだから料理をしちゃいけないなんてことを考えないんだ。小さいことでぐちゃぐちゃ言わない。別れた「彼氏」に比べると、ずっと大人なんだよね。そう思ったのだ。

ここまで話をすると、彼女は遠くを見る目になって、ちょっと黙り込んだ。それを機に僕は、この日の面接を終わりにした。この話をこのまま聞いてゆくのは危ない。そういう気がしていたのだ。

## 人生の濃度

次の面接では、僕の側から「遠距離恋愛の彼氏」のことを話題にした。

その「彼氏」は高校時代の同級生。卒業式の日の午後に「告白」されて以来付き合いはじめたのだが、名古屋と東京とに分かれての交際。

「電話代が凄かったんですよ」

二人揃って新入生だったから、お互いの大学の話をしているだけで毎日一時間、二時間。ふた月もすると、入学に際して親にまとめて渡されていた金も残り少なくなってしまった。それで慌てて、女子大近くのレストランで、時給七百五十円でウェイトレスのアルバイトを始めることにしたのだという。レストランのオーナー・シェフは五十歳ぐらいの無口でとっつきにくい人だったが、採用面接のときに彼女が述べた「応募の動機」をよく覚えていてくれて、時々テレフォン・カードをくれたりした。

「何よりの親切ですよね」

彼女はせっせと「彼氏」に電話をしたが、半年ばかりも経って、ふと気がつくと電話を掛けるのはいつも自分の方。彼が掛けてくることはほとんどなくなっていた。彼に文句を言うと、別にどっちが掛けてもいいじゃないか、という返事。自分のほうから付き合ってほしいと言ったくせに。彼女は腹を立てた。もう電話なんか掛けてあげないからね。しかし、ほうっておくと、彼からは梨のつぶて。自分のほうが掛けたくてたまらなくなるのだった。いつのまにか、「力関係が逆転したみたい」で悔しかった。足元見られているのかなあ。それとも、名古屋で別に好きな女の子ができたのだろうか。

そんなある日、店によく来るお客の弁護士さんが、食事に誘ってくれた。四十歳ぐらいのハンサムな人。OKすると、「誰と行っても絶対損のない」ような凄い料亭に連れていってくれた。

「メニューに料金が書いてないんですよお」

ホテルに行ったのは三回目のデートのとき。彼女は名古屋の「彼氏」のことを思い浮かべ、いい気味だ、と心の中で呟いた。勝手に自信持ってればー。

弁護士は、帰りがけに、十万円も！　くれた。何、これって？　バイトでかーるく百時間分以上だよ。エッチしても私、どおってことなかったのに、こんな大金をこんなに簡単に貰えちゃうなんて！　その十万円で、服やアクセサリーを揃えて、学校に行ったら、一日中なんだか堂々と過ごせた。それで、私って金持ちのお嬢様たちに劣等感もっていたんだ、と気がついた。

その後、弁護士とは四、五回付き合ったが、このままじゃ愛人になっちゃうと思って、「深みにはまる前に」別れた。愛人業って、どーしても相手次第みたいなところがある。どーせならフーゾクのほうが、私の自主性みたいなものが守れるんじゃないか、と考えて、以前に駅前で貰ったポケット・ティッシューの袋に印刷されていた連絡先に電話を掛けて、今の店に入ったのだった。レストランのオーナーには、勉強が忙しくなったと嘘をついて辞めさせてもらった。最後の日にも、たくさんテレフォン・カードをくれたので、ちょっと胸が痛んだ。でも、仕方がないよね。

「彼氏」との関係は……彼女がぱったり連絡しなくなったのを心配した彼が会いに上京して来た。あっそうか、押せば引く、引けば押すって、このことだったんだ。彼は「浮気」していたことを白状して、謝った。

「聞いてもムカツキませんでしたよ。だって、シロートの女の子ってタダでしょ。私なんか、値段が付くんですからね」

患者のその言い方に、そうとでも言わなければいられないような虚しさと力みがあるように僕は感じた。

「本当はちょっぴり悔しかった?」

そう言ってみると、患者は少し俯いて、

「もう、別れても、良かったんですけどお、やっぱ、彼氏がいないっていうのもイメージ的に、寂しいし……とりあえず許したげることにしたんです」

そして、彼女は、その後も「遠距離恋愛」を続けたのだった。

「でも、人生の濃度っていうんですか？　その点ではフーゾクのほうがずっと濃くて面白かったですね。フーゾクでも新人研修っていうのがあるんですよお。男の人が喜ぶように店長が演技指導してくれるんです。本当に感じてたら身がもたないから、感じる振りするんですけど、その点、私は適性があるって言われました」

店長は、客がしてもらいたがることをひと通り実地に教えてくれた。そして、口癖のように、そのときだけは相手を本気で愛しているつもりになれ、と言うのだった。「つもり」だけなのに、そこに「踏みとどまれない」で、練習中に店長のこと好きになっちゃった子もいるらしい。お店の先輩たちが、本気と演技の境目ぐらいの感じでやるといい、とアドバイスしてくれた……。

彼女は嬉々として、「仕事」の話をした。技術、心構え、失敗談、そして、「同期の子」や「先輩」のこと。それは、あたかも、新入社員が自分の入ったばかりの会社の話をするような具合だった。これも、若者が社会というものを知る、ひとつの形なのかもしれない。僕は、患者が喋っている間、ふと、そんなことを考えた。

### モード

次の面接でも「遠距離恋愛の彼氏」の話の続きを聞いた。この「彼氏」と別れるに至った経緯を知っておきたかったのだ。それが、安川との「お付き合い」の切っ掛けとなったのだから。

「フーゾクで働きはじめたら、なんか吹っ切れちゃったんですよお」

電話をどちらが掛けるかなんて、もう気にならなくなっていたのだ。これって純粋にお金の問題だったんだね。彼は飲み屋で時給八百円のバイトだけど、私は一晩に七、八万は稼ぐ。それなら電話ぐらい、お金に余裕のある私が掛けたげればいいだけのことじゃない。

彼女は、時々、新幹線に乗って名古屋の「彼氏」を訪ねたりするようにもなった。もちろん彼に会いたかったからというのは「表向きの理由」。本当は女の子が列車に乗って男の子に会いに行くというのが、我ながらちょっと「けなげな感じ」で気分がよかったのだ。女子大の友人たちに名古屋行きの話をすると、皆、スゴーイね純愛なんだあ、と言ってくれた。

彼氏とエッチするとき、習いたてのプロの演技をちょっとしてみたのも、自分では「余裕の証明」だったと思う。どう、あんたが浮気してるシロートたちとは違うだろ。内心、そういう気分だった。彼は喜んだが、怪しみもした。今度はお前が浮気してんじゃないか、と問い詰められて弁護士とのことを話したのは、そうしたほうがかえってフーゾクのことを隠しやすいと思ったからだ。彼はびっくりした顔で聞いていたが、俺が言えた義理じゃないけど、これからはもうしないでほしい、と言うとき、ちょっと声が震えていた。こいつ、結構ショックだったんだ、と思ったら、気分がスーッとした。

しかし、相手のほうは、それでは終わらなかったようだ。帰りが遅い日に限って電話を掛けてきて、何をしていたんだ、弁護士と会っているんじゃないか、と聞く。まさか、違う、フーゾクだよ、とも言えないから、コンビニで遅番のバイトをやっていると答えておいたが……。

ある日気がついたら、彼としばらく話をしていなかった。そこで、電話を掛けてみると、彼の様子がおかしかった。やたらと愛想が悪いのだ。どうしたの、と彼女が尋ねると、彼の返事は、もう電話をしないでほしいというものだった。もう、心配しながらお前と付き合うのは疲れた、と。

今度は彼女がショックを受ける番だった。確かに、彼女だって彼との「遠距離恋愛」を続けるのには疲れていた。だから別れるのは構わないといえば構わないことだった。しかし、何であいつのほうから言われなきゃいけないわけ？

せっかく付き合ってあげてたのにー。許せない！と彼女は思った。それに、直ぐに次の「彼氏」の当てがないのも、彼女にはひどく「プライドを傷つけられる」気のすることだった。

「私としたことが、用意が悪すぎたんですよね」

僕が何気なく、そうそう調子よく右から左とはいかないものでしょうよ、と言うと、

「だけど、困るんですー。彼氏のいない女子大生モードじゃカッコつかないし」

「え、女子大生モード？」

僕は、この面白い表現にちょっと興味を引かれた。説明を求めると、患者は少し得意そうに、

「私の場合、フーゾクと女子大生をきちんと使い分けてるっていうのがプライドで……とーぜん、華の女子大生のほうがメインのモードです。だから女子大生っぽい友達もちゃんといます。友達がいないっていうのは、なんか暗い感じで、イメージ的にマズイじゃないですかあ。私、わりと社交的なほうなんです。今まで友達できなかったことない。クラスの中でも、フッーのうちの子で感じ悪くない子たちとはしっかり仲良くしてるし。そういう五人組でシンガポールに行ったこともあるんですよお。ラッフルズホテルに泊まった。皆は、マック（ドナルド）とかでバイトして資金貯めたんだけど……私だって、本当はバイト娘なんですけど、皆は私のこと、お金持ちの子だって思ってるみたい。ふふ」

彼女は、「フーゾク・モード」でも皆と仲良くやっている、と嬉しそうに付け加えた。客が少なくて暇なときには、「同期の子」や「先輩」たちと、お互いに持ち寄った菓子を摘みながら、世間話に興じるし、たまには、皆で食事に行ったりもする。

「だってえ、誰とも付き合わないでいたら、金のためにフーゾクやってるクラーイ姉ちゃんみたいな気がしてくるじゃないですかあ。私、フーゾク・モードも余裕を持って、というか……よーするに、生き生きとやりたいんですよお」

僕は以前から気になっていたのだが、今、改めて、やはりこういう理屈はおかしい、と思った。友達がいるお蔭で、気持ちに余裕ができて毎日明るく生き生きと暮らせる、というのなら分かる。しかし、「クラーイ」感じにならずに済むため、あるいは、「余裕」を持って「生き生きとやる」ためには友達が欠かせない、と言わんばかりなのは本末転倒なのではないか。もしかして、この人は素直に人と交わることができない人だったのかもしれない。そう、僕は考えたのだが、彼女のほうは、まるであっけらかんと話を続けていた。

「……汚く稼いで綺麗に使うみたいなこと言う子って案外多いんですよ。本当の私は綺麗なほうよっていうつもりみたいなんですけど。それは人それぞれの考えだから、別にいいんですけど、私自身はー、自分のこと嫌いなんです、みたいなことは絶対に言いたくない。フーゾク・モードだってえ、あくまでいいイメージでやりたいんですよ。あ、先生、私、店でも品の良い子っていう評判取ってるんですよお。どっちのモードも、どのみち、仮のモードですけど、どうせなら、ね」

〝仮のモード〟か。僕はちょっと考えてから、尋ねてみた。

「遠距離恋愛のほうの彼は、あなたにとってどういうモードの彼氏だったんですか、もともとは？」

「あの頃は、どういうモードもなかった、って言うか、（モードに）分ける必要がなかったんですけどね、シンプルライフだったから、だから、強いて言えば……本当モードかなあ。私、あれはホントに愛だって思ってましたから……結局、私たちって、恋愛しているつもりなだけだったって言うか、遠距離だってことに安住してたってことかもしれない。でも、結果的には、遠距離で良かったんですよ。近くに住んでいたら惰性で付き合ったまま、彼も浮気しないで一見平穏で、私たち、もしかして結婚までして……そしたら、本当の愛じゃないってことに、いつまでも、それこそお、一生気がつかなかったのかもしれないですよね……」

彼女は妙にしみじみとそう言った。

「あなたが二つの〝仮のモード〟で割り切った生活を始めたのは、彼の浮気以後のことでし

# 少子化

「少女」とか「幼少」とかの語からも推測できるように、「少子」という漢語は本来、年若い子、末っ子という意味。『広辞苑』も第四版までは、その意しか載せていない。一九九二年度の国民生活白書で、出生率の低下により子供の数が減少してきた状況が「少子化」という言葉で説明され、「わかい」でなく「数がすくない」の意味が定着してきた。

たよね？」

「はい」

「で、彼は、あなたにとって、どういうモードの彼氏になったんですか。彼が浮気してたって分かってからは？」

「えーっ？　どうなんだろ……私、そんな風なこと、何にも考えてなかったけど……割り切れては、なかった、ですよね……でも、強いて言えば、やっぱり女子大モード、かなあ」

彼女は、それっきり黙り込んだ。窓の外をぼんやりと眺めている。待っていると、しばらくしてから、ぼそぼそと話しはじめた。

「だいぶ前のことなんですけど、夜、家でボーっとしてたら、なんかの気配を感じたんですよお。私、霊感が強いって、それまであんまり感じたことなかったんですけど、テレパシーって言うんですか、そんな感じで誰かが外から私のこと呼んでるって感じがしたんです。それで、ベランダに出てみたら……真下がウチのマンションの駐車場なんですね。で、上から見てみたら、来客用（の駐車スペース）にポルシェが停まってて、ちょうど男の人が降りてくるとこだったんです。あっKだって直ぐに分かりました……」

Kだって？　彼女は発病したときの話を始めたらしかった。しかし、どうして今、突然に？

僕の驚きをよそに、彼女は空ろな目をして話しつづけていた。

「……私それまで、(Kの)ファンでも何でもなかったんですよ。ただ前にお店に遊びにきたことあるって、先輩から聞いていて、そうなんだあとか思っていた程度。それで、上からボーっと見ていたら、彼は(マンションの)玄関のほうに歩いていって、中に入ったんです。そのとき、君の所へ行く、ってKの声ではっきり聞こえたんですよ。私、そのとき汚い格好してたから、慌てて服着替えて……」

僕は、話を止めさせようか、とチラッと考えた。このままだと、彼女は、どんどん妄想世界に戻っていってしまいかねない。せっかく、これまで小康を保っていたのに。前の病院の主治医も、病的な体験には触れないように心掛けていたようだし……。しかし、患者がここらで一度、自分の体験したことを少しだけでも整理しておくのも良いかもしれない、と僕は考え直した。今、この患者にそれだけの力があるかどうか、ちょっと判断がつきかねるところもあったのだけれども。

「……慌てて服着替えて、化粧もして、待ってたんですけど、いつまで経っても来ないんですね。それで、私、部屋から出てエレベーターホールに行ってみたけど、誰もいなくって」

彼女が表示盤を見てみると、エレベーターは二台とも一階に止まったまま。そうだ、迎えに行こう。一階に下りてみた。しかし、玄関ホールにも人影はなかった。ふと見ると、もう一台のエレベーターが上がっていって……七階。彼女の部屋の階で止まった。入れ違いになっちゃったんだ。跡を追おうと思ったが、彼女が乗ってきたエレベーターも、いつのまにか動きだしている。仕方がない。彼女は、階段を駆け上っていった。

しかし、七階のホールは、またもや無人。

「表示盤を見たら、エレベーターが今度は下りていくとこじゃないですか。K、私が部屋で待ってないんで怒っちゃって帰っちゃう！　って思って焦ったけど、もうエレベーターでも階段でも追いつけないから、それで、私、直ぐに部屋に入ってベランダに出てみたら、Kがちょうどポルシェに乗り込むところで。私、大声で呼んだんですよお。だけど、聞こえなかったみたい……ヘッドランプがついて、エンジンの掛かる音がして、グウォーンって駐車場から出ていっちゃったんです。そのとき、ウィンカーが点滅して、また来るって合図してました」

そこまで話すと、彼女は、ふっと、黙り込んだ。そして、また、窓の外をぼんやりと眺めはじめた。

## プロポーズ

「今の話は、いつのことなんですか?」

僕が尋ねると、彼女はハッとしたような表情になって、

「え? あ、安川さんと別れてからのことです」

急がば回れ式に「遠距離恋愛の彼氏」の話を聞いていたはずが、ワープでもしたかのような具合に、話題が安川との別れのところに戻ってしまった。これは、どういうことなのだろう。僕が考えていると、

「そう言えば、安川さん、私にプロポーズしてくれたんですよ」

顔に生気が戻っている。僕は少し安心した。

何でも、彼が転勤でシリコンバレーに行くことになり、「一緒に行く?」と言ってくれたとのことだった。しかし、彼女は安川のその申し出を断わった、という。

「正直言って、行きたーい、みたいな感じはメッチャあったんですよお。シリコンバレーってカリフォルニアでしょう。私、前から漠然とだけど、お金貯めたらロス(アンジェルス)かなんかに行って、大学に入り直して、一生向こうで暮らすみたいなこと考えてて。あっちは治安が悪いって聞くけど、私、ロスでなら死んでもいいいって本気で考えてたぐらいなんです。でも

……」

おや、あなたも？　と僕は思った。どういうわけだか、僕の患者でフーゾクや売春をやっている女性には、いつかはカリフォルニアに移住したいと望んでいる人が多い。

「でも、ロスっていうと、私、今までずうーっと、独りで暮らすことしか考えてこなかったから、誰かと一緒ってのがイメージわかなくって……それに、彼、国立大学の大学院を出て、大企業の研究所でコンピューターの研究しているとか言ってましたけどぉ、そーいう堅い仕事の人が、なんで私を連れていきたいのか分かんなくて。安川さんに、私、自分がＳ女子大の学生だってことは……別に隠してたわけでもないけどぉ、何にも聞かれなかったし……だけど、籍に入れるかどうかは別にしてもお、結婚とか考えるんなら、やっぱり、ふつーは聞くものでしょう？　相手が普段どんな暮らしをしてるのかとか」

彼女は、自分自身に問い掛けるといった風情で、小首を傾げながら、続けた。

「聞かないっていうのは、フーゾク・モード以外の私にはまったく関心がないっていうことか……でも、だったら、結婚して、フーゾク止めたら、私には、何が残るっていうわけ？」

「止めてくれって言われたんですか？」

「あの人はそんなこと言いません。だけど、ヒモをやるような人じゃないし、私だって、向こうに行ってまでやる気はないですよ」

これは僕にも分かる気がした。

「つまり、カリフォルニアはフーゾク・モードにしたくないっていうことですね」

「あ、そういうことです。だけど、私がフーゾクやめても、安川さんと行くと、そうなっちゃう」

彼女は妙にきっぱりと言った。

「安川さんとはフーゾク・モードの付き合いだったからですか？」

「そう。だから、プロポーズを断ったんです。うん」

彼女は自分の意見に同意するかのように頷いた。僕は時計を見た。まだ少し時間がある。今日の面接の最後に、「カリフォルニア」のことだけは、もう少し詰めておこう。

「将来カリフォルニアには、ひとりで行くとして、いつ頃行くつもりなんですか？」

「まだ、ずっと先ですね。私、大学を卒業したら、とりあえず外資系（の会社）で秘書かなんかになりたいと思ってるんですよお。やっぱ、（そういう仕事は）お洒落じゃないですか。私、英語は得意なほうで英検二級も持ってるし、秘書検定（の資格）もある。それに……自分で言うのも何なんですけどお、私って、周りには品が良く見えるらしいんですね。で、外資系（に就職活動をするとき)には有利かなって考えて……お給料もそこそこ貰えるはずだけど、それはそれとして、私、フーゾクのほうは続けられるだけ続けます。それで、しっかり貯まったら、ロスかなんかに家を買ってえ、日本脱出！」

「カリフォルニアでは、どんなモードで暮らすつもりなんです？」

「モードは……なし、ですね」

彼女は嬉しそうにそう言った。僕もこの答えに満足して面接を終えた。

## 見送りに

しかし、その日以降、患者の具合は少し悪くなった。面接が進みすぎたための反動だったのだろう。表情が冴えず、言葉数も少なくなって、喋ることといえば、眠れないだの、食欲がないだのといったことばかり。反対に一日中眠いとか、過食してしまうのが困ると訴えることもあった。たまにまとまったことを話すにしても、しばらくぶりに復学した女子大に中々馴染めないと泣き言になり、ときには、そのまま、話が病的に発展して、どうも写真週刊誌の記者に張り込みをされているような気がすると言ったりもした。

僕は、この時期、患者にあれこれと尋ねることをせず、むしろ日常生活の暮らし方について現実的な助言をしたり、薬の量を細かく調節することに専念した。

フーゾクのアルバイトは、病状の不安定さのおかげで、というのも変な言い方だが、彼女自身が学校へ行くので精一杯だったので、僕が禁止するまでもなく、復帰できないでいた。このままでは、家賃の支払いだけで貯金がなくなってしまうと愚痴を零しはするものの、なんとか稼ぎに行けるようにしてくれとまでは言わなかった。

半年ほど経つと、彼女の状態はまた回復してきた。そしてある日、ふっと思い出したように、

「先生、性格って遺伝なんですか?」

僕が、それはまだ結論の出ていない事柄だと答えると、

「遺伝じゃないといいな。ウチの家族って、フッーの家族なんです。だけど、私、フッーって嫌いなんですよね。ずうっと嫌いだった。フッーってお金がないし、上品でもないし、いくらイイ家族でも、この家庭に生まれたっていうだけの偶然で、自分の一生を決められるのはたまんない。そういうの、私、絶対納得がいかない。受験のときに、国語のテストの問題かなんかで、人生って自分で選べるものだとかって読んだんですけど、そうなんだあって、そのとき思って、それからもずーっと自分はフッーから脱出するぞって思って生きてきたんです」

この頃から彼女の病状は更に安定し、Kの話も自分からすることはなくなった。こちらから

尋ねてみると、

「騒ぎが収まるまでは、（Kが訪ねて）来てくれなくても仕方がありません。歌の文句じゃないですけど、私、いつまでも待つわ、の心境です」

僕は、頃合だと思って、残されていた問題に取り掛かることにした。

「Kが初めてマンションへ来たのは、いつごろのことだったんですか？」

「ええと……分かんないです」

「その頃、安川さんとは？」

「会ってません。彼がもう、カリフォルニアに発った後のことでしたからあ」

「いつ安川さんは出発したんですか？」

「ええと……それも……私、記憶力悪くなったみたい。ぜーんぜん、時間の感覚が……」

これは、僕の聞き方が悪かったのだ。

「安川さんが出発する日、あなたはどこにいました？」

「あ、私、成田に行ったんですよ」

初めは、見送りに行くつもりはなかったのだという。安川の申し出を断わった時点で、これでお別れ、と思ったたし、もともと未練がましいのは好きじゃなかったのだ。しかし、「変に礼儀正しい」安川は渡米する一週間前、店にやってきた。いよいよお別れですから最後に、なんて彼が言ったせいか、彼女もちょっと感傷的になってしまって、仕事は仕事と思って相手をしたはずだったのに、

「心が思わず感じてしまったんですよぉ。今まで、体だって感じたことないのに」

そのとき彼女は、自分が、とことんこの人のことが好きだったんだあ、と思い知ったのだという。

「私、いままで、ずーっと体が感じることに嫌悪感っていうか恐怖心があったんですよぉ。それは、初めてしたときからずーっとそうだったんです。だって、そうなるのって、自分の体に支配されるみたいなことじゃないですか。だけど、安川さんと最後にプレイして心が感じちゃったとき、逆に自分がカンペキ自由になったって感じがしたんですよぉ」

彼女は遠くを見る目をした。

「安川さんにそのことは?」

「いやあ、言いませんでした」

店では彼女自身戸惑っていて、それどころではなかったのだ。自分の「発見」を彼にも知っておいてほしい、という気持ちが募ってきたのはマンションに帰ってからのことだった。そう

だ、成田に見送りにいこう。安川が店の出際に、ばか丁寧に挨拶をしたときの言葉が蘇ってきた。ぼく七月十六日の三〇五便で出発します。

会社の人なんかが来ているかもしれないけど、平気だよね。安川さんて私にとって特別だったんだ。せめてそのことだけは言っておこう。やっぱりそれがけじめだよね。

その日、早めに成田空港に行ってみると、安川はロビーで一人、椅子に座って雑誌を読んでいた。あ、いつもの技術雑誌だ。安川さん！　彼女が声をかけると、安川とその隣の女が同時に顔を上げた。何、このおばさん。彼女がそう思ったとき、安川が弱々しく微笑んで、

「この人といっしょに行くことにしたんです」と言い、

「この子が、例の、僕を振った人です」とその女に彼女を紹介した。女はにっこりして、

「こんにちは。あなたが降りてくれたおかげで私が結婚できたのよ。ありがとう」

彼女は、何も言葉が出なかった。その場から走り去りたい気分だったが、同時に、言いようのない怒りも湧き上がり……彼女がその場にたち尽くしていると、その女性が、二人だけでちょっとお茶を飲もうと言った。ロビーの隅にある喫茶カウンターのスツールに並んで座ると、

「あなたね、まだ若いんだから、フーゾクからは足を洗ったほうがいいよ。それだけの器量なんだし、お金がほしいんなら、水商売のほうがいい。フーゾクほどじゃないけど、一日で

三、四万にはなる。体を売るより、頭を使って会話を売ったほうが、格好がいいでしょ。そう思わない？」

何、このおばさん。彼女はまた心の中で言ってみた。なんで、こんなに余裕見せちゃうわけ？　私に勝ったから？　そうじゃないことは、自分でも分かっていた。昔、おばあちゃんが、年の功亀の甲、とよく言っていたことをふっと思い出した。なんで私って、こんなときにおばあちゃんのこと思い出したりするんだろ。彼女は何となく可笑しくなった。それから、心の中でちょっと笑ったのをごまかすために、レモネードのストローに唇を近づけながら、隣をチラッと見てみた。ちょうど女がケースから煙草を取りだすところだった。このおばさん、綺麗だけど、もうかなりの年じゃない。三十ぐらいはカルークいってるよね。肌だって私のようにぴちぴちじゃないし。おまけに派手で、ひと目で水商売。安川さんて、こんなのでいいわけ？そう考えたとき、それまで張り詰めていたものがふっと緩んだ。安川さんを許すしかないよね。あの人、元々変わったっていうかチョー不思議な人だもんね。女には「負けた」感じはしなかった。最後の強がりかもしれないけど。

結局、彼女は安川を見送らずに、それっきり飛行場を後にした。なんだかやたらと疲れてしまったのだ。マンションへ戻っても、テレビをつけっぱなしにしたまま、ボーっとしていた。

## 純愛は危ない？

どれほどの間そんな風にして過ごしていたのか、自分でもよく分からない。一週間か、あるいはもっとかもしれない。初めのうちは冷蔵庫の中からそこにあるものを適当に取り出して食べていたが、そのうちにはお腹もすかなくなって、買い置きのワインを飲むだけで充分になってしまった。酔って眠くなるとそのまま、その場で寝た。目が覚めるのも、昼だったり夕方だったり。学校や店のことはちょっと気になったが、まあいいや、という気分だった。そんな風に暮らしていたある夜、突然Kの「気配」を感じたのだった……。

「それが、あのエレベーターで行ったり来たりした夜のことなのですね」

患者が黙ったまま頷いた。

「お店に行ったのは、それから何日ぐらい経ってからのことなのですか？」

患者は、それも分からないと言った。次の日か、あるいは何週間も経ってのことか。

「で、そもそも何をしに、お店に行ったんです？」

「Kに指示されたんですよ。店に来いって。新しい人生とか、出発とかっていう言葉も聞こえました。私、初めのうち、意味が分からなくって。だけど、なんか（Kの指示には）逆らえない感じだったし、指名してくれるってことかと思って、着替えて行ったんですよ」

それなのに、店に着いた途端、いきなり店長に叱られた。今までずうーっと無断欠勤して、何やってたんだ。おまけに今日は出番の日でもないだろう……。くどくどと店長が文句を言うのを聞いていたら、またポツポツと、Kの声が聞こえてきた。君のすべて。好き。結婚。あ、そういうことだったんだ。患者はようやくKが自分を店に呼び出した理由が分かった気がした。今日はお店を休業にしてください。ここで式をするんですから。いくら説明しても、店長は理解してくれるどころか、お前どうしちゃったんだと言い、患者を無理矢理車に押し込んだ。

「そのまま、病院に連れて来られちゃったんです。私、あのとき、本当に病気だったんですか」

「病気でした」

「やっぱりねえ……そう言えば、あのとき先生、Kの声は幻です。あなたはフツーの人と結婚したほうが幸せになれる、って言ってくれたじゃないですか。私、頭のどっかにそれがずっと残っていて、Kとはホントの愛だと思いながらも、純愛って危ないなあみたいな感じはあったんですよ」

「純愛は危ない？」

「そう。Kとの恋愛を誰かが止めてくれないと、自分がどうかなってしまうっていうか、そんな感じ。で、退院したら、一度は先生の所に行ってみようって決めてた。今でも先生同じ意見ですか」

僕はそうだと答えた。

「だけど、先生。フツーの人と結婚するのって、詰まらないです。結婚と同時に恋愛が終わってしまって……」

患者は悲しそうに言った。それから、急にお説教口調になって、

「先生、若いときって、変に急いでしまうものなんですよぉ。今しなくっちゃ永遠にできないみたいな。恋愛もそうです。年を取ると何時でもできる気になって、焦らなくなるんでしょう？　あ、先生を年寄り扱いしちゃった」

僕たちは一緒に少しだけ笑った。

それから二ヵ月ばかりすると、幻聴は、ほぼ完全に消えた。しかし、

「あの声、また聴きたいなあ、と思うことはあります。だって、私の全部が好きだって言ってくれるのはKだけだったんですからあ」

それでも、彼女は一生懸命に我慢しているのだった。

その半年後には薬を切ることができた。Kのことを尋ねてみると、患者はきっぱりとした口調で、もう未練はない、と答えた。前の病院から引き継いだ僕の仕事もようやく終わったようだった。

最後に患者が、言った。

「わたし、またフーゾクに戻ろうかと思うんですけど……これって中毒みたいなものですか」

「いや、あなたの場合にはむしろ、惰性と言うべきでしょうよ」と僕が答えると、

「惰性ですかあ？　ふふ。確かに、私、フーゾクから得られるもの、もう、ないですよねえ。幻の純愛はこりごりだし……うーん。フーゾクのことは、自分でもう一度よーく考えてみますね」

彼女がいつのまにか、茶色のシャツに黒いズボンといった地味な装いをするようになっていることに、僕が今更ながらに気がついたのは、そのときのことだった。

# 第3章　マーガレットのある部屋

## マリエ・パパ

予診を取ってくれたスタッフから新患の概要を聞いたとき、僕は、おやおや、これはまるで映画『クレイマー・クレイマー』のようじゃないか、と思ったものだった。三十二歳の男性がようやく良い仕事にありついたら、三歳の娘もろとも妻に置き去りにされ、奮起して、働きながら必死に子育てをしていたのに、半年後に弁護士を介して離婚を求められた。離婚自体は仕方がないにしても、裁判で子供の養育権まで奪われて、これでは何のためにこれまで頑張ってきたのか分からないことになって、精神的に参ってしまったというのだ。

もちろん二十年も前のアメリカ映画と何もかも同じというはずはなくて、例えば、ひとつ年下の妻は、裁判では自分が子供を引き取ると言っておきながら、実際には、自身は臨床検査会社の技術担当課長という仕事で滅法忙しいので、子供の世話を実家に委ねてしまったらしい、といった具合。

予診取りのスタッフは、こうした話を、患者に同伴して来た〝ガールフレンド〟から聞いたのだった。患者自身はろくに話をせず、たまに口を利くと、スタッフのする質問とは関係なく「(病院の)廊下に(自分を)監視している者がいる」だの「ここで取り調べたあと、私を検察庁に送るのですか」というようなことばかりを言っていたのだとか。

〝ガールフレンド〟が、これはおかしいと判断して患者を病院に連れてきたのも、近頃始まった、こうした患者の奇妙な言動のせいだった。いや、家ではもっと桁外れにひどかったらしい。皆が(自分の)悪口を言っているからと、耳を両手で塞いでいるかと思えば、突然、「うるさい！」と怒鳴って壁にビールビンを投げつけるという風で、大騒ぎだったようなのだ。

さて、スタッフから説明を受けて、およその状況が分かったので、僕は患者を診察室に呼び入れた。なるほど、ほとんど口を利かない。今にも涙が溢れんばかりの眼でじっと僕を見詰めているだけ。

「夜は眠れていますか？」

こうした質問にも直ぐには答えが返ってこない。はい、という返事があるまでに、やたらと時間が掛かり、時計を見たら三分も経っていた。もちろん、精神科の面接というのは、患者の様子を「見る」のがなにより大切なので、ろくに話の聞けないこういう調子の面接が無駄なわけではない。一区切りついたところで、付き添いの〝ガールフレンド〟にも部屋に入ってもら

い、二人を前にして僕なりの見立てを話していたら、

「あ、ちょっと済みません」と彼女が口を挟んだ。

「先生、彼は分裂病ではないんですか？」

「いいえ、違うと思います。今申し上げたように、うつ病のようなのです。言うことが変なわりには、表情は自然でしょう。ほら、助けを求めるような目をしていらっしゃるじゃありませんか」

そう言いながらも僕自身は内心、こんな説明で分かってもらえるものだろうか、と思わないでもなかったのだが、この〝ガールフレンド〟は怪しみもせず、顔を輝かすと、じっとうなだれたままの患者を覗き込むようにして、

「良かったですねえ、マリエ・パパー。分裂病じゃないんですってよー。分かります？」

患者は、相変わらず黙ったままだったが、その目からつぃと涙が零れた。

二人が二人ながらに喜んでくれるのは良いが、誤解があってはいけないから、僕は一言説明を付け加えることにした。幻覚妄想をともなううつ病というのは、分裂病に劣らず、重い病気であることに違いはない。だから、油断はできないし、これからの何日間かの養生がとても大切。つまり、早寝早起きの規則正しい暮らしを心掛け、外出は避けてつとめて安静を心掛ける

こと等々。僕の説明が終わると、〝ガールフレンド〟が、自分はどういうことをしてあげれば良いのか、と聞いた。仕事を休んで患者に掛かりきりの毎日なのだとか。

「もしかすると、あなたは患者の娘さんが通っていた保育園の……」

「はい、保母ですけど……あ、マリエ・パパなんていう呼び方したんで分かったんですね」

こういう風に勘の良い人が世話をしてくれるのは、医者としては、はなはだ嬉しい。

「ベテランの保母さんが熱を出した子供の世話をするのと同じようにしてください。今お話ししたような養生がきちんとできるように気を配ったら、あとは、なるべく見守るだけにしておくのがコツです。看病は、病を看るという字を書くように、見守るのが基本なのですよね。しかし、フツーの人には、これがなかなか難しい。何かしてあげないと気が済まなくて、つい、あれこれと世話を焼いたり、話しかけてしまうのですが、それは拙いのです」

〝ガールフレンド〟は、そういうことなら、任してくれ、と言わんばかりの顔をした。

「マリエ・パパって、あ、また言っちゃった。マリエちゃんのお父さんって、本当に子供たちと似たところがあるんですよ。純粋で」

## 対抗心

それから三日の間、彼女は、実に要領よく、患者の「保母」をやってくれたようだった。すっかり幻覚妄想が取れたのだ。もちろん、僕の方でちょっと特殊な抗うつ剤を投与したせいもあるが、きちんと養生ができるように看病してくれていなくては、こんなに上手くはいかない。

大きな症状が消えて少しずつ患者も話ができるようになったので、僕は、発病に至る経過を今一度本人から詳しく聞くことにした。

昔は、うつ病といえば、「内因性」と称して本人の体質や気質から運命的に発病するものという風に考える向きが多かったのだが、今では、いくつものストレスが重複的に覆い被さったときに起こる精神的な過労と考える医者が増えてきた。ま、病気の本質がまだよく分かっていない以上、どのような考え方をしても構わぬようなものだが、実際には、発病の契機となったストレスを一つ一つ本人に思い出してもらうことが、早く、きれいに治すためには欠かせないのである。

で、最初に僕が患者に尋ねたのは、そもそも、どうして妻君が家を出ることになったのか、ということだった。映画『クレイマー・クレイマー』ではその辺りのことにほとんど触れていなかったようだが、精神科では省くわけにはいかない。

「そうですねえ……もともとは……うーん。やっぱり、自分が悪かったっていうこと……ですかねえ」

患者は訥々と語った。それによると、彼は専門学校を卒業して以来、ずうっとテレビ・ゲームの開発に携わってきたが、勤め自体は長続きせず、二年と同じ所で働いたためしがなかったのだとか。ヒット作が出てちょっと金回りがよくなると飲み歩き、女遊びも散々やった。

「だから……傍目には、えーと、そのお、ただ遊び歩いて、転職ばっかりしてる奴と見られてるかもしれない、という気は……していました」

「傍目って、誰のことですか。具体的に言うと」

「え？　誰って……うーん。あ、例えば、そのお、彼女の両親なんかです。だけど……彼女には、少なくとも彼女にだけは、こういう自分を受け入れて欲しいと……思っていたんですよ、自分は」

彼の居た「クリエイティヴな業界」では引き抜かれて転職したり、充電期間を作ったりするのが当たり前。そういう人間でないといい仕事はできない。そこのところを、妻に分かってもらいたい。いや、彼女なら分かっていてくれるはずだと思っていたのだと言う。

「だけど、そういうのって、彼女には、えーと……無理なことだったんですね……後から考えてみると……結局自分が勝手に彼女に甘えていただけなんでしょう……多分」

　そういう面は確かにあったのだろう。しかし、事情はもう少し複雑だったはずだ、と僕は感じていた。

「奥さんのご両親には、本当に、何と思われても平気だったんですか？」

「はい。思いたければ、なんとでも思えと……」

「なんだか、それって、喧嘩腰みたいですけど」

「え？……あ、そうかあ……やっぱり、本当は平気じゃなかった……ということですか？　うーん。あ、そう言えば、あのお、対抗心……というんですか、オレはたんなる種馬じゃないぞみたいなこと考えてて、堅物の薬剤師一家と張り合う……という感じは、えーと、確かに、ありました。だから、余計にわざと気ままにやっていたのかもしれません」

「だけど、奥さんだけには自分の味方になって欲しかったのですね」

　患者はそれには答えず、俯いてしまった。そして、しばらく黙っていたのちに、問わず語りにまた話しはじめた。ぽつぽつと彼が言ったことをまとめると――

　妻の両親は、東京の近郊でかなり大きな薬局を経営している。二人ながらに薬剤師で、ゆくゆくは、ひとり娘に店を継いでもらう所存らしい。彼女も薬剤師の資格を持っているのだ。さらには孫にも、と考えている節がある。その証拠に、マリエが生まれたときに、露骨に次の次まで後継ぎができた、というような喜びようをした。それだけならともかく、それまでは可愛いひとり娘の夫として、患者のこともそれなりに大事にしてくれていたのに、孫の誕生を境に、テレビ・ゲームなんていう子供だましの仕事をしている者なんかには用がないとばかりに、冷淡になり……どうも夫婦の仲も、あの頃からおかしくなっていったような気がする。

これだけのことを話すにも、患者は、かなり疲れた様子で、ひと通り話し終わると、ふーっと溜息をついた。実質的に最初の面接にしては、少し話を聞きすぎたかもしれない。そう思って、僕は薬の処方をすると、その日の面接を終わりにした。

**よし、子育てを**

次の週。僕は患者の疲れがまだ残っていやしないかと心配していたのだが、患者の顔付きは前にも増して良くなっていた。僕は安心して、話の続きを聞くことにした。

「奥さんが家を出たのはいつ頃のことでした？」

「あ、五月十六日です」

彼が日にちまでもはっきりと覚えていたのは、その前日が特別な日だったからだ。五月十五日。その日の昼過ぎに、彼は昔の上司を、その人が現在勤める大手のゲーム開発会社に訪ねたのである。一週間ほど前に、久しぶりに会いたいと電話があったときから、ちょっと期待するところはあったのだが、会ってみると、何と！　新しいプロジェクトの責任者として来ないか、と誘ってくれたのだった。

その場では、二、三日考えさせてくださいと返事をした。なにしろ、仕事の大きさは勿論のこと、提示された報酬というのが自分には滅法高額だったので、戸惑ってしまったのだ。そんなでっかい期待に応えられるだろうか。失敗したらどうなるんだ？　しかし、ビルの外へ出たときに、気分が一変した。何しろ、表の通りは、日差しがきらきらと明るく、爽やかな空気で一杯だったのだ。

「そういえば、今日は五月十五日だったんだ」

彼にとって、五のつく日は、昔から、幸運の日だった。初めてのデートをしたのも、高校二年の六月五日。馬券が当たったのも、あれは何月だっただろう。とにかく、二十五日だった。今日は月まで五じゃないか。ラッキーなはずだ。

「引きうけよう。ダメモトだよ」

そう考えると、何となく浮き浮きした気分になってきて家路を急いだのだが、近所まで来てふと気がついた。この時間、家には誰もいない。それならひとりでちょっと祝杯かな、と馴染みの店に寄ったまでは良かったのだが、その一杯が二杯、三杯と増えていって、家に帰りついたのは結局、真夜中。妻は、もう寝ていた。叩き起こして朗報を聞かせてやりたい気もしたが、彼女は朝から仕事のある勤め人。明日話せばいいことだと考えたら、急に眠気が襲ってきて、そのままベッドに倒れ込むようにして、着替えもせずに寝てしまった。

次の日、目が覚めたら、もう昼前だった。頭がずきずきするものの、「メッチャいい条件」を思い出すと自然に笑いがこみ上げてきて、こういうときこそ迎え酒だなあ、と思って台所へ行こうとしたら、きちんと片付けられた食卓の上にぽつんと手紙が置いてあった。

〈すこしは父親の自覚を持ってください。あなたがマリエのお迎えをすっぽかしたので、保育園のほうから、会議中の私の所へ連絡がきました。たいへん迷惑しました。私はしばらく家を出ます。あなたは、どうせ仕事がないのですから、子育てを一生懸命にやってみてください。できないのなら、私の実家に預けにいってください。それぐらいならできるでしょう〉

「何度も読んだんで、丸暗記しちゃったんです」

患者は力なく笑って、そう言うと、

「えーと……普段は保育園のお迎えも彼女がやってくれていたんですけど……その日は、大事な会議で遅くなるからと、頼まれていたんです。それを……ころっと忘れていたわけで……だから、彼女が怒ったのは無理もないんですけど……結局、タイミングが悪かったということですか……あのお、言い訳がましいかもしれませんけど……それまで、好んで彼女に子育てを任せていたわけじゃないんですよ」

もともと、生まれてまだ三ヵ月のときからマリエを保育園に預けるのに、彼は反対だった。自分が世話をする。そう申し出たこともある。しかし、妻は、

「あなたって何時までも私の収入で暮らすつもりなわけ？」と、言ったのだ。

「それに、あなたに子供の世話なんかできっこないでしょ」

言い返そうとして、彼が言葉を呑み込んでしまったのは、彼女が仕事のことを気にしながら、妊娠出産という〝大仕事〟をしたことを思い出したからだった。自分はそれに比べると大したことをしてないからなあ。しかし、産んだというだけで偉そうにされるのも気に入らない。心の中に変なわだかまりができて、それがいつまでも残っていた。

だから、妻の置手紙を読んだとき、よし、子育てをやってやろうじゃないか、という気になったのだった。朝起きて子供の世話をし、それから保育園に連れて行く。やってみれば、たいしたことじゃなかった。幸い、新しい会社はタイムカードなんかないところだったから、出勤

前にひと通りの家事をこなす時間も十分に取れた。手早く洗濯や掃除を済ませ、いやそれどころか、夕食のおかずを作ってフリーザーに入れ、ご飯のタイマーを押して、それから出勤！なんてことまでやってのけたのだ。可愛い娘にコンビニ弁当というわけにはイカン。そう考えていた。学生時代はずっと自炊していたぐらいで、元々料理は嫌いではなかった。

保育園の「お迎え」もちゃんとこなした。いわゆる無認可の保育園ならではの融通がきいて、真夜中までの延長保育をやってくれるので、仕事で遅くなっても大丈夫だったのだ。眠っている娘を保母から受けとって、おんぶすると、少し離れたところに停めてある車まで運ぶ。頼りないほどの背中の重みと首筋に当たる微かな吐息。

「この子の存在だけは、確かなものだよね」

彼は、それまで何となく、世の中には確かなものなんてない、と考えてきた。自分が生きていることにだって何の意味があるんだか、まるで分からない。そう思っていた。しかし、今は、

「この子のために、オレはこの世にいるんだ」

はっきりとそう言えるような気がしていた。そして、そう言えることは、なんだかとても幸せなことのように思えたのだった。

会社でその話をしたら、プロジェクトのメンバーたちはむしろ同情してくれて、仕事のスケ

ジュールが逼迫したようなときでも、患者には家で仕事の続きをしたらと勧めてくれたりした。彼はありがたく「お言葉に甘えた」のだが、そういう日には早めに家事を済ませ、娘を寝かしつけた後で、自宅のパソコンを会社のサーバーに接続し、徹夜で仕事をこなすのだった。

「娘の気配を感じる所で仕事をするってのも、中々いいものでしたよ」

ただ、一度だけ困り果てたことがある。自分自身がひどい風邪を引いてしまったのだ。日がな一緒にいればマリエにうつしてしまうに決まっているから、保育園に送っていこうと、ふらふらしながら着替えたまでは良かったが、熱が高かったせいか玄関先でへたばり込んでしまった。仕方がないので休ませると保育園に電話をすると、そのままベッドに。それから、どれぐらい眠っていたものやら。チャイムで起こされたとき、頭痛は少し楽になっていた。ドアを開けてみると、マリエの担任が立っていた。

「あらあ。お熱はパパのほうだったんですかあ」

保母はそう言うと、くすっと笑った。そして両手を口元に当てると、

「ごめんなさい。だけど、その格好」

そう言われて気がついたのだが、ワイシャツにネクタイは良いとして、下はパジャマのまま。おまけにマスク。あまりのスタイルに自分でも可笑しくて、笑っていると、保母が、彼の脇を

摺り抜けるようにして、

「失礼しまーす」

彼の返事も待たずに上がり込んできた。

「マリエちゃん！　どーしてた？　そーお、ひとりで塗り絵してたの。おりこーね。ご飯は？　やっぱり。こんなことじゃないかと思って先生、マリエちゃんちに来ちゃったのよ」

彼女は来しなにコンビニで弁当を買って来てくれたのだった。

「はい、これはマリエちゃんの分。ついでにお父さんのも。どうぞ。あ、お茶淹《い》れますねえ」

このときばかりはコンビニ弁当が美味かった。

それから数日後、すっかり回復したので、お礼かたがた、彼女を食事に招待した。ファミリー・レストランのテーブルのむこう側にマリエと保母が座った。彼は、マリエに分からないように言葉を選びながら、妻がいない事情を話した。一番大変なときに助けてもらったのだから、ひと通りは話しておくのが礼儀だと思ったのだ。

「何となく察してました。と言うより、本当は、(他の子の)お母さんがたからちょっと聞いていたんで、心配していたんです。でも、マリエちゃんパパが頑張ってらっしゃるので、手を出さないほうがいいかな、と思って。それに、やっぱり他のお母さんたちの手前もありますから」

その日以来、保母は時々顔を出してくれるようになった。休みの日にマリエを遊園地へ連れていこう、と申し出てくれたりもした。彼がちょっと迷っていると、彼女は、パパが遠慮するのは筋違いだと言った。自分はお母さんのいないマリエちゃんを可哀そうに思っているだけなのだから、と。

そこまで話すと、患者は、切なそうに、ふうーっと溜息をついて、

「確かに、マリエも……自分とセットで捨てられたのかもしれないんですよね」

## 妻との出会い

僕は、四回目の面接では、ちょっと話題を変えることにした。患者が前回の面接の最後に言った言葉がヒントとなったのだ。

「たしか、あなた自身も不幸な家庭の出身だったのですよね」

患者がびっくりしたような顔をした。

「あなたは覚えておられないかもしれません。実は、初診の時にうちのスタッフが付き添いの保母さん……山崎タエコさんとおっしゃいましたっけ。あの方からそんなことを、ちらっと

伺っていたのです」

「あ、トラウマというわけですか？」

「いいえ、そんな運命的な話ではありません。過去は過去。昔の体験をあなたがどのように生かしているかは現在の問題なのです。それだけに、あなたの過去にどんなことがあったのか一度伺っておきたいと思うのです」

「あ、そういうことですか」と言いながら、患者が話したのは次のようなことだった。

彼は両親を知らないで大きくなった。母方の祖父母に育てられたのだ。高校を卒業するときに聞かされたところでは、父親は、彼が生まれてまもなく女を作って家を出て行ったのだとか。母親も、患者が乳離れするころに再婚し、しばらくして遠くの街で「くも膜下（出血）」で急死してしまったという。

「たいていは、こういう話（の結末）って、しかし彼は祖父母の愛情で幸せに育ちました、って（ことに）なると思うんですけど、ぼくの場合は全然」

そう言いながら、彼はちょっと苦笑した。それは苦笑ではあったが、ともあれ、彼が僕の前で見せる初めての笑顔には違いなかった。それで気がついたのだが、面接も四回目ともなると、患者の表情は自然になり、話も滑らかになっていた。

「実は、ウチもかなり大きな薬局だったんですよ」

祖父というのは町立病院の薬剤部を退職後に薬局を開いた人で、店先では客の健康相談に応じ、町内会の役員も引きうけて近所の評判が良かったが、家の中では絶えず不機嫌。いつどんなことで怒りだすか分からないようなところがあった。祖母は身の回りの世話をひと通りしてくれた。しかし、患者が祖母に可愛がられていると感じたことは一度もなかったのである。

祖母が患者に両親の話を聞かせたのは高校の卒業式の朝だった。自分たちがお前を育ててやったのだから、薬剤師になったら、家に戻ってきて自分たちの老後の面倒を見なくちゃいけない、と言ったのだ。

しかし、患者は祖母の話を聞いて、

「恩に着るどころか、それまで腑に落ちないでいたこと全部が分かった気がしたんです」

自分は、祖父母にとって単に老後の保険のようなものだったのだ。

「そのために育てられていたんです」

患者は、祖父の「強い勧め、というより、命令みたいなもの」で、薬科大に進むことになっていたが、なんだか気持ちが萎えてしまった。元々本を読むのだってそれほど好きなわけでもないのに、これから四年も、あのじいさんばあさんのために勉強しなくちゃならないなんて。

結局、授業には、一日たりとて行かなかった。毎日、アパートで、テレビ・ゲーム三昧。

「それが高じて、結局本業になったんですけどね。でも、（ゲームで）遊んでたころも、仕事になってからも、虚しさみたいなものはずっとありました。こんなことしてて、何の意味があるんだろうな、みたいな。自分の場合、はっきり言って（ゲームは）逃避ですからね」

「父や母も（祖父母から）逃げだしたかっただけだったんじゃないか、というのが自分の見方です。だけど、皮肉なもんですよね、恋愛した相手が薬局のひとり娘だったっていうのは」

僕が尋ねもしないのに、患者は、それから、「ひょんなことから」妻に出会って「なんとなく」結婚するに至った経緯を妙に詳しく話したのだった。

**離婚の裁判**

五回目の面接では、また話題を元に戻した。

「離婚の話が出たのはいつのことだったんですか？」

「彼女がウチを出てから半年ちょっと（経った頃）です。ちょうど新しい（ゲームの）ソフト（ウェア）が完成した日でした」

社長主催の慰労会に出た後、開発メンバー全員で二次会をやってご機嫌でアパートに帰ったら、離婚請求の手紙が来ていたのだった。いろんなことが書いてあったが、要するに同封の離婚届に署名して送り返して欲しい、ということ。それにしても、ちょっとタイミングが良すぎないか。彼女が出ていったのも、ちょうど今の仕事の話を貰ったときだったし……。

ただし、彼には、それ以上の驚きは何もなかった。もう、ずっと以前からいつかはこうなると分かっていたような気がしたのだ。ちょうど、仕事に納期があるようなもので、何事にも始まりがあれば、必ず終わりがある。

次の夜、保育園の「お迎え」に行って、眠っているマリエを抱き渡してもらうとき、タエコ先生に小声で、とうとう離婚することになりました、と話した。保母は、黙ったまま、分かったとばかり、かすかに頷いた。彼が、

「そういうわけで一区切りつきますので、いずれ打ち上げをやりましょう」と冗談めかして言うと、そのとき、彼女の瞳が急に大きく広がったような気がした。驚くほどのことでもないだろうに。それとも……。彼は、何かに気づきかけたように思ったが、その夜はそれ以上考えないことにした。アパートに戻ったら、離婚届に記入して、それから妻に最後の手紙を書くつもりだったのだ。こういう慣れぬことは早めにケリをつけてしまったほうがいい。

もちろん離婚には、すんなりと同意するつもりだった。家具も電化製品も……欲しければな

んでもどうぞだ。預金通帳は、もう彼女が持っていっているわけだし……生命保険はどうするのだろう。解約かな。返戻金は差し上げます。それから……手紙には、何かもっと大切なこと、人生のことだの、自分たちの出会いのことだの、いろいろと書きたかったのだが、いざとなると、何を書いたら良いか分からなくて……先に離婚届のほうにサインしようと思って用紙を見た時、子供の親権者の欄があるのに気づいた。あ、これは当然オレだよね。

返事を投函して三週間ほどが経ったころ、妻の代理人と称する弁護士から連絡があった。信じられないことに、向こうも親権を要求しているという！　冗談じゃない。これまでの半年、誰がマリエを育ててきたんだ。経緯を話すと、その女性弁護士は同情してくれたが……それでどうなるものでもないだろうなあ。

タエコ先生とかねて約束していた食事にでかけたとき、ちょっとふざけ気味に、

「今日が打ち上げのはずでしたけど、お預けになりました」と、親権の話をすると、この若い保母は憤然として、

「それって、騙されかけたってことですよね」

妻は手紙で養育権のことには全く触れていなかったわけで、もし患者が、離婚用紙の親権者欄に気がつかないで署名していれば、向こうは後で自分の名前を書き込む魂胆だったに違いな

い。そう彼女に言われてみれば、そうだったのかもしれないとも思ったが、彼自身は、今更、妻に腹を立てても仕方がない気がしていた。自分の気持ちの中では、離婚届を返送したとき、さっぱりと離婚が成立していたのだ。

食事の後、車でタエコ先生を彼女のアパートまで送っていった。その日に限って目の堅かったマリエが、先生のおうちに行きたい、と言い張り、タエコ先生も、ちょっとだけ寄ってくださいよ、と勧めてくれたので、近所の公園の前に路上駐車して上がってみると、それは、白い部屋だった。実際には、毛の長い絨毯は淡い緑色だったし、二人掛けのソファは茶系だったのだが、部屋の真ん中に置かれたガラスの小さなテーブルに飾られた花瓶一杯のマーガレットの塊が、部屋に入ったなり目に飛び込んできて、「白い」という印象を患者に残したのである。

マリエは隣の部屋で先生とお絵かきを始め、彼はこちらでソファに座って、出されたインスタント・コーヒーを飲みながらテレビのスポーツニュースを見ていた。二、三十分経ったころ、タエコ先生ひとりがこちらの部屋にきた。襖を閉めると、にっこりと笑いながら小声で、

「マリエちゃん、お絵かきしながら寝ちゃったんですよ」

それはいかんと、立ち上がる彼を制して、先生は、

「今、起こしちゃかわいそうですよ」と言い、

「コーヒー、淹れ直しますね。それともビール?」

彼は、勿論ビールと言いたいのを堪えて、コーヒーのお代わりを所望したのだった。

家庭裁判所の調停に呼び出されたのは、それから一ヵ月ほど後のことだった。男女二人の調停委員は温和な感じの、老年と言っていい年格好の人たちで、話しぶりも感じが良かった。しかし、言葉の端に、子供は母親が育てたほうがいいと思い込んでいる様子が感じられたのである。

調停の成り行きに不安を覚えた患者は、会社の弁護士を紹介してもらった。彼は、歴史の浅いゲーム会社の顧問をしているだけに若く、まだ三十代の半ばなのに、依頼人が上手く質問できないでいることを的確に察して、分かりやすく話してくれるような人だった。その弁護士が言うのに、三十年ほど前までは親権といえば父親とされたものだったが、その後流れが変わって、今では母親が親権者になることが多いのだとか。

調停を続けてもろくなことがないと悟った患者は、三回ばかり出ただけで「不成立」にした。

「(自分の雇った)弁護士も、裁判をやったって勝ち目は二十パーセントぐらいしかないけど、調停よりは良いかもしれない、と言ってくれたんです……裁判にするって、タエコ先生にも話したんですね。そうしたら、彼女、自分も出廷しようかって言うんですよ」

この半年、パパがいかに一生懸命に子育てをしていたか、証言してくれると言うのだった。

しかし、彼は、彼女の申し出を断った。

「いつのまにか彼女のこと好きになってしまってて……好きな女性を離婚の裁判なんかに巻き込んだりできるはずないじゃないですか」

え？　僕は、そこのところがわからないと、患者に説明を求めた。

「だって、そんなことしたら、彼女の気持ちを利用するような感じになるでしょう？」

「彼女の気持ちって？」と聞き返そうとして、僕は言葉を呑み込んだ。彼の目に、かすかながら、涙が浮かんだように思ったからだ。

さて、裁判は思いのほか長く掛かり、二年近くも経って出た判決は患者の敗訴だった。

「自分としては（弁護士の言っていた）二十パーセント（の勝ち目）に賭けていたところがあったんですけど、裁判所（の考え方）も子育ては母親が一番ということのようでした。男親って損ですよね。自分の（育児の）努力は（裁判所にも）それなりに評価してもらいましたけど、肝腎の親権が認められなきゃ何にもならない」

裁判が終わった日、彼は久しぶりに何軒かの飲み屋を梯子した。酔いつぶれてやろう。そう思ってしたたか飲んだのに、こういうときに限って酔えない。

時間だけは遅くなって、家に帰ってみると、ドアの前で保母が待っていた。

「やっぱり。こんなことじゃないかと思った」

彼女のその言葉に、何かが患者の心の中で弾け飛んだ。気がつくと、彼は、自分よりもひと回り近くも年下の、その若い女の胸の中で、泣きじゃくっていた。

「その夜、はじめて彼女と、そのう、関係したんです……」

おや？　僕は、患者の声の調子が少し変わったように思って、患者の話を書きとめていた手を止めて顔を上げた。しかし彼は変わらない顔付きのままで話し続けていた。

「……次の日、会社に辞表を出しました。そしたら社長室に呼ばれて……」

遺留されたのだった。会社では、売れ行き好調のゲームの続編を制作することに決めたばかりで、今、彼に辞められては困ると言うのだった。しかし、患者にしてみれば、社長にそう言ってもらえるのは嬉しくても、裁判に負けてマリエを失った今、心の張りがなくなって、これまでのように頑張る自信がないのだった。結局、その場に同席していた直属の上司の発案で、プロジェクトのチーフを降りて、スタッフとして残ることで話がついた。患者としても、ここで会社を辞めても、次の当てがあるわけじゃないし、たとえ別の会社に移っても、意欲が出るといったものでないのは、よく分かっていたのだ。

この結末を保母は喜んでくれた。仕事までなくしてたら、マリエ・パパ、駄目になっちゃうところだったと。

ここまで話すと、患者は黙り込み、少し考えていたが、やがてボソッと言った。

「先生、今日はここまでにしてください。なんか疲れました」

## 心境の変化

次の面接日。患者は妙に明るく振舞いながら部屋に入って来た。

「先生、だいぶ楽になりました」

しかし、言葉とは裏腹に、目の表情が少々暗い。疲れているのではないだろうか。

「え? うーん、そうかも知れないですね。部屋の片づけや掃除をしてましたし、足りないものの買い出しもやらなくちゃいけなかったので」

彼はそれから、急いで付け加えた。

「あのお、自分は彼女のところから戻ったんです」

裁判に負けて以来ずっと保母のアパートに居候していたのだが、一週間ほど前に自分のうちに戻ったのだという。

「今までずるずると（保母の家に）いたのは、マリエのいない部屋に戻るのが怖かったから……かもしれません。実際帰ってみたら、ウチの中は、もぬけの殻って言うか、別れたカミサンがマリエのものをそっくり持っていってました」

彼が「マリエのいない部屋」に帰りたくなかったと言うのは分かる。しかし、それなら、なぜこの時期に帰ったのだろうか。聞いてみたが、彼の返事は、

「別に、もうマリエがいなくっても平気だって思えたわけでもなくて……なんとなく、そろそろ潮時かな、みたいな感じがしたもので」

「なにか、保母さんとの間でありましたか？」

「いや、それはないです。自分のほうで、いつまでも彼女に迷惑をかけてちゃいけないって思って……」

それは、ことの結果のはず。長らく世話になっていたのに、今になって「迷惑をかけて」いたと考えるようになったとしたら、その心境の変化をもたらした〝なにか〟があったはずなのだ。

そこで、最近の日常生活について尋ねてみると、忙しいだけではなかった。どうも前回の面

接以後、生活がずいぶんと不規則になっているようだった。これは危ない。

僕は、患者の病状チェックをしてみた。少し悪くなりかけている。そこで、僕は、精神科医が〝生活指導〟と称するものを行なうことにした。要は、何をしては良いが何をしてはいけないといった事細かな暮らし方の指南。健康な人にとっては小うるさいばかりだろうが、病気で思考力の落ちている人だと、これだけを守ってさえいれば、程よく自分で自分の生活を管理できるようになる。この患者も素直に耳を傾け、メモまでして帰っていった。

その日の午後、何の前触れもなく保母が病院へやって来て面会を求めた。僕が診察の合間に受付のところへ出てみると、彼女が表情を強張らせて立っていて、彼の気持ちを教えて欲しいと言う。ちょっと片付けてくると自宅に帰っただけのはずなのに、昨夜電話を掛けてきて、突然別れると言いだしたのだとか。

「どうしてなんですか?」

それは初耳で、僕も知らないと答えると、それじゃ面接の内容を教えて欲しいと言う。残念ですが、お話できません。親兄弟であっても、本人の承諾なしに、本人の話したことを口外するわけにはいかないのです、と僕が言うと、長らく病人の世話をしてくれてきた、すらりと背の高いこの若い保母の大きな目に涙が浮かんだ。

「あのお、それじゃあ、申し訳ないんですけど、私の話を聞いていただけませんか。五分でいいんですけど」

更に気の毒なことに、当日僕は忙しくて、その五分が取れなかった。

「そりゃそうですよね。あのお、それだったら、私、患者としてだったら来ていいですか」

それは勿論構わないのだが、予約がたて込んでいて、半月は待っていただかなくてはならない。それより、明後日の一時前だったら、十五分ぐらいの時間が取れる。そう言うと、彼女の顔に笑みが戻った。

「私、来まっす！」

翌々日。彼女は約束の時間きっかりに現れた。

「済みません。来てから気がついたんですけど、先生のお昼休みなんでしょう？　本当に申し訳ありません。せっかくお時間いただいたので、急いで話しますね」

そう言って彼女が語ったのは次のようなことだった。

彼女が患者に惹かれたのは、娘のマリエの世話をひたむきに行なっていることもさりながら、子供をどのように育てたいかという考えがしっかりしていたからだ。

「偉そうなことを言うようですけど私、人が人を育てるってことはどういうことか、そういうことをずっと考えていたんですよ」

彼女はもともと動物が好きで獣医学部に入ったのだと言う。獣医を目指すからには、動物に必要な処置をするのは、それが一見どんなに残酷そうなことでも、耐える覚悟はあった。しかし、まるで健康な犬や猫の骨をへし折って、それから手術の練習をする。これってなに? 動物を平気でいじめる練習をさせられる気がした。

彼女は散々悩んだ末に退学した。

「いとこに聞いたんですけど、アメリカの学校じゃあ、そんな動物虐待の授業なんか絶対にしないらしいんですよ。獣医の学校ってそうあるべきですよね。だって、命を守る人を育てる所でしょ。私、できれば、留学したかった。だけど、そんなお金ないし、英語もできないし」

それで、保母の学校に入り直したのだという。保母学校は良かった。たったひとりではあるが、感銘を受けるような授業をする年配の講師もいたという。

彼女は事細かにその授業を再現するかのように話してくれた。なるほど、それは良い授業だと僕が感心すると、彼女はにっこりとしてから話題を変えた。

「だけど……保母って長続きする人が少ないんですよ」

たいていの人が三十前に辞めてしまうのだとか。体力的なこともさりながら、仕事に進歩がないからなのだそうだ。

保母学校の授業とは違って、実際の保育園というところは、自分たちの行なう保育や指導について深く考えるどころか、無自覚なまま、昔ながらのやり方を反復してしまいがちだ。母親たちも、園に注文を出さな過ぎる。仕事や趣味についてはいっぱしのことを言うのに、子供の躾は園にお任せ、という人が結構多い。

その点、患者は違っていた。きめの細かい世話はできそうにないし、お迎えも時間きっちりとはいかないが、食事やお菓子は手作りのものをといつも心掛けて、マリエちゃんにも園に持たせてきた。我儘なグルメ気取りの娘になって欲しいわけじゃない。きちんとした食べ物を与えていれば、何事においても自分のテイストで生きていけるはず、と言っていた。

「一度、何気なく、マリエちゃんちにコンビニ弁当をもっていっちゃったことがあるんですよ。で、マリエ・パパの顔を見たとたん、ア、しまったって思った。だけど、マリエ・パパは文句を言わずに、自分でも食べてくれた。やっぱりこの人が考えているのは、食事がどうのこうのっていうショーマッセツなことじゃなかったんだ。この人にとって、食べ物は愛情なんだ、って分かったんです」

そして、彼女は、こんなお父さんの娘はなんと幸せだろうか、こんな人と一緒に子育てをする奥さんはどんなに幸せだろうかと、そんな風に感じたという。それだけに、こんな夫を子供もろとも捨てていなくなってしまう母親が許せなかった。

「だけど、昨日一日考えてたら、だからって言って、私がマリエちゃんの母親になれるものでもないなって分かったんです。マリエちゃんはママのところに行っちゃったんだし。私、一から彼と付き合い直してみようと思います」

保母は、明るくそう言って、帰っていった。

## 必然の子

患者の状態がすっかり良くなったのは、それから一ヵ月後のことだった。僕は、そろそろ発病の状況を明らかにする時期が来たと思った。

一般に患者というのは、たとえ病状が良くなっても、いや、良くなればなるほど自分が精神に変調をきたしたという事実に不安を覚えるようになる。そのために治り切らないということだってあるぐらい。それだけに、どういうわけで自分が発病したのかということ、つまり発病状況が充分に理解できるようになれば、その不安は大幅に軽減し、患者は回復後の生活に目を振り向けることができるようになるのだ。

さて、この患者の場合、発病したのは、確か、離婚裁判で判決の出た日から間もなくのことだった。僕の求めに応じて、患者は、かなり詳しく裁判の様子を話した後で、大きく溜息をつくと、

「裁判が終わったら、直ぐに妻が弁護士と一緒に……マリエを引き取りに来たんです」

彼は娘になにか声をかけなくてはならないような気がして、

「さあ、今日からはママと一緒に暮らすんだよ」と言うと、マリエはわーいと歓声を上げて、それから、父親の顔を覗き込むと、

「パパも、だよね」

彼が咄嗟に、

「いや、パパ、今日はご用事」と答えると、マリエはちょっと不安気な顔をした。

「大丈夫。また、直ぐ会えるから」

面会できることにはなっていたから、これは満更嘘ではない、と患者は心の中で言い訳をした。マリエは、ウンと頷くと、妻と弁護士に手を引かれて、車のところまで行くと、こちらを振り向いて、手を振った。

「じゃねー。パパも早く来てねー」

これじゃ、やっぱり、マリエを騙したことになるなあ。遠ざかる車を見送っていると、涙が両目から溢れてくる。いままで、あんなに信頼し合って暮らしてきたのに、最後になって……。

（その後、彼が久しぶりの梯子酒をし、意に反してたいして酔えないまま夜遅く帰宅すると、ドアの前で保母が待っていてくれて、年甲斐もなく、思わず彼女の胸の中で泣きじゃくってしまった、というのは前に聞いたとおり。）

保母は、「私んちに行こう」と言った。彼女のウチには、またたくさんのマーガレットが飾られていた。いつの間にか同じ季節になっていたんだ。その部屋で、二人はビールを飲んだ。不思議なことに、今度は急に酔いが回ってきて……目覚めると、保母と並んで寝ていた。しげしげと彼女の寝顔を見ていると、彼女も目を開いてにっこりと微笑んだ。それから、二人は抱き合ったのだという。

次の日から、彼は勤めが終わると「白い部屋」に戻るようになった。彼女が、そうするように言ってくれたからだが、彼自身、自分の帰るべきウチはもうないような気がしていた。

保母の部屋ではわりと安心していられた。しかし、どういうわけか眠れない日が続いたのである。寝つけない日があるかと思えば、眠れても、夢の中にマリエが出て来て、「パパ、パパ！」と泣くのに驚いて目が覚める。真っ暗な中で目を開いていても、なんだか身の置き所のないような気分に襲われてじっとしていられないから、保母を起こさないように、そうっと蒲団を出ると、窓を少しあけてタバコに火をつけてみるのだった。酒を飲んで寝るなんてこともしてみたが、かえって、目が冴えるばかりだった。

そんな日が続くうちに、食欲がだんだんなくなってきた。仕事に出ても、頭の中に霞がかかったようで、アイデアが出るどころか、気持ちが焦るばかりで考えが先に進まない。

自分を責める声を聞いたのは、それから間もなくのことだった。トイレや風呂に入っていると、「裏切り者！　役立たず！」と聞こえてくる。それは女の声のようだったが、誰とは思い当たらない。変に無機質で、そう、デジタル合成したような音だったのだ。

そこまでの話を聞いて、僕は、発病はこの時のことだったに違いないと思った。娘と引き離されてショックを受けたわけだ。しかし、そういうことから一直線に、心身の衰弱、発症へと進むものでもない。もうちょっと事情は複雑だったはず。僕は、もう一度、患者が保母の部屋で寝泊まりするようになってからのことを詳しく聞き直した。すると、夜中にひとりタバコを吸っているような時、患者が考えていたのは、

「（裁判の後で妻に）マリエを引き渡したときのことですね。あの時、マリエはこいつの子供

でもあったんだなあって、今更ながらに気がついたんです。口と眉は自分似なんですけど、目、鼻は妻そっくり」

そして、そんなことを考えていると、

「それで、どういうわけか、ちらっと、マリエが生まれたときのことを思い出したりしちゃったんです。うーん……」

患者は遠くを見るような目をして、

「……自分たちは、結局は上手く行かなかったけど……あの（出産の）ころは、愛し合っていたんですよね。結婚したときだって。彼女は純白のウェディングドレスを着て、僕も真っ白いタキシード……」

僕は思わず微笑んだ。

「……マリエは自分たちの愛の結晶だった……のかもしれませんね。今までは、一度だって、そんなこと……考えてもみなかったんですけど……マリエを大切に育ててきたのも、マリエを失って悲しい思いをしたのも……」

もしかすると、妻への未練だったのではないか、と患者は言うのだった。長い裁判を続けていたのも、もしかすると、そのうちには妻が帰ってきてくれるのではないかと儚い望みを残していたせいかもしれない。

「そう言えば、弁護士に、奥さんを傷つけないで親権を得るというのはかなり難しいのですよ、みたいなことを言われたこともありました」

そのときはピンと来なかったが、今思い返してみると、確かに、自分は、離婚に及んでさえ、妻を庇おうとしていたような気がする。調停でも裁判でも、あんまり妻の悪口は言わなかった。弁護士にさえ話さなかったことが、いくつもある。

「もしかすると、自分は、マリエをダシにして妻と縒《よ》りを戻そうとしていたってことになるのかなあ……あれーっ、これって、マリエに対する裏切りだ」

患者は悲痛な声を上げた。直ぐに僕は、

「そうではないでしょう」と言った。以前、患者が何の躊躇もせずに離婚届を返送したと話したのを覚えていたからだ。

「あなたは、娘さんに裏切られた思いがしていたのですよ、多分。と言うのも……」

患者は僕の説明を待たずに、

「そうかもしれません」と、あっさりと答えた。

「マリエはヒツゼンの子だったんです。だから、ママのとこなんかに行きたくない！　って言ってくれるはずだったんです。それなのに……」

「え、ヒツゼンの子？」

「はい。自分が生まれたのは、父親と母親がエッチした結果っていう偶然だったのかもしれないんですけど、マリエは違うんです。子供はまだいらないと言い張る妻を根気強く説得するほど、自分が強く望んでできた子なんですから、必然の子だったんですよ」

「つまりこういうことですか。動物が子を産むようなのは、単なるエッチの、偶然できた副産物のようなもの。だけど、娘さんの場合は、ペットを飼おうと自分で決めるときと同じで、あなたの中に必然性があった、と。そういうことですか？」

「ええ、まあ……その、ペットみたいに言われるのは、ちょっと抵抗ありますけど、要は、そういうことです」

「なるほど。その〝必然〟の子に裏切られたように思って、酒を飲みに行って……」

あ、そうか。僕は、前から心に引っかかっていたひとつのことに思い至った。

「あなたは、その夜、保母さんと、タエコ先生とおっしゃいましたっけ。あの方と、初めて、関係したんですよね。それまでは、一度もしなかったのに」

「ええ……あっ」

患者も気がついたようだった。

「彼女のことが好きになってからずうっと、自分は、自分自身のことがちょっと分からなくなっていたんです。自分は、もしかして、マリエを育てるのに彼女を利用しているだけじゃないか。彼女を利用しているうちに情が移っただけじゃないか。いや、好きになったのだって、離婚に備えて、マリエのお母さんを用意しておこうって、無意識のうちに思っただけじゃないか、って。そうじゃないとは言い切れない気がしてたんですよね」

患者は、流れ始めた涙を拭いながら、話を続けた。

「だけど、違ったんですね。彼女のこと、好きだったのに、マリエに遠慮して、もう一歩っていうところで踏み止まっていたんですね。だけど、マリエに裏切られた気がしたもんだから……」

もう言葉にはならなかった。しばらく、嗚咽が続いた後で、

「結局、最後に……彼女を自分の気持ちの捌け口にして、今度は本当に彼女を利用したってわけですか」

「そういうことになるのかもしれません。ただね、人生の物語というのは、話の筋がひとつとは限らないんですよ」と言ってから、僕は説明を始めた。

――あなたは、彼女が好きだった。しかし、彼女と付き合ううえで、娘をダシにしている感じがするものだから、ちょっと、気が引けていた。娘がいなくなって、ようやく素直になれたのだが、そうなったらなったで、娘を利用したあげく自分ひとりが幸せになるようで、気が咎めた――

「こっちの話も、おそらく外れてはいないでしょう」

僕がそう言うと、患者は、黙って考えていたが、やがてこくりと頷いて、

「先生、純粋に人を愛するって難しいことですね」と言った。

「そういう哲学的なことは、分かりませんけど。あなたの場合、ひとつのことが盲点になっていたように思います。子供でも、ペットでもいいのですが、幼いもの弱いものの世話を一緒にするうちに育まれる愛、というのもあるんじゃないでしょうか」

僕は、前に保母が僕のところへ尋ねてきたことを話した。

「私の見るところ、彼女は、そういうタイプの愛が得意なようですよ」

すると、患者は、三人でファミリー・レストランにでかけたことや、保母の家に初めてマリエと行ったときの話などをした。それは、もうとうに聞いていた話だったが、患者の生き生きとした話しぶりは聞いていて飽きないものだった。

# 第4章　天使の仕業

## 記憶は戻りますか

初めてその二十二歳の女性が僕のところへ連れてこられたとき、僕は、はっとした。付き添ってきた両親の話では、患者が「記憶喪失」になって、ということだったが、一見して、そんな簡単なことではなさそうだったのだ。患者は、礼儀正しいには違いなくても、それが、ちょっと大げさで不自然だし、全体の印象も、精神科医のよく言う「崩れた感じ」。しかも、俯くたびにニヤッと場にそぐわぬ笑いを浮かべる。分裂病だ。とっさに、僕はそう思った。

ただ、分裂病の患者が「記憶喪失」になることはめったにないわけで、速断することはできない。まずは状況をよく聞いてみる必要があるだろう。

患者によれば……記憶を失ったのは、この正月、ある九州の田舎町でのこと。以前に住んでいたその町で小学校の同窓会があったのだ。会場から車で三十分ほどのところにある別の、少し大きな町に着き、駅前のホテルにチェックインしてシャワーを浴びてから、コーヒーを飲みながら昔の同級生が迎えに来てくれるのを待っていた。そこまではははっきりと覚えているのだという。しかし、そこからは記憶が飛んでいて、次に思い出せるのは、次の日の夕方、駅前の交番で途方に暮れているところへ兄が迎えに来てくれたときのこと。その間にあったはずのことはまるで覚えていない。実は、仕事を休んで来てくれた兄のことも初めのうちは兄とは分からず、ただこの人は信用できそうという感じがしてついていっただけなのだが、翌日、東京に戻る新幹線の中で駅弁を買ってくれたとき、ああ、これは兄さんだというふうに分かったのだということ。

患者はまた、ふっと笑うと、

「私の記憶は戻りますか」と尋ねた。ここで僕にちょっと迷いが生じた。こういう形の記憶喪失というのは、むしろヒステリーなどで起こるわけで……この笑みも見ようによっては、照れ笑いのようなものと思えなくもない。うーん。

ともあれ、患者が記憶を失うきっかけが何であったのか。それを明らかにすることが、まずは、問題解決の糸口になるだろう。同じことは家族も考えたようで、患者を迎えに行った兄が現地で同級生たちに尋ねて歩いてみたらしい。しかし、めぼしい話は何も聞けなかった。ホテルに迎えに来てくれた友達も、同窓会場に着くまで患者は普通に話していたと言うし、そのほかの友人たちも、会場ではもちろんのこと、二次会でも患者に別段記憶喪失のようなことはなかったと証言したのだ。さらに、ホテルの人の話でも、翌朝、チェックアウトしたときに、患者の様子に変なところはなかったのだとか。

他方、警察によれば、患者は駅の改札口付近で呆然としていたらしい。明らかに様子が変だったので警察官が声をかけてみると、本人に記憶が失われていたので保護したとのことで、身元を知るために手荷物を調べさせてくれるように言っても、自分のスーツケースをきょとんとして見つめるだけだったとか。ちなみに、その荷物の中にあった自動車の免許証が手掛りとなって、家族に連絡がついたのだった。

要するに患者は、ホテルを出て、駅に行くまでの間に記憶を失ったことになるが、何しろ駅前ホテルというぐらいで、ロータリーに沿ってものの二、三分も歩けば着いてしまうほどの距離。その間に何があったというのだろうか。患者の兄の調査もそこで行き詰まってしまったのだった。

僕は「ホテル↓駅」とカルテに書きとめた。それから、

「ところで、今、記憶がなくて困ることってどんなことですか?」と患者に聞いてみると、なんとなく落ち着かない気分がするだけで、とくに何が困るというわけでもない、という返事。

「一日か一日半、記憶がないだけですから」

家族の見方はちょっと違っていた。確かに家で一緒に暮らしていて何に困るということはないものの、東京へ帰ってからの患者の様子が何となく変なのが気になって仕方がない、と言う。外出もほとんどせず、本人は疲れただけだと言うが、自分の部屋に閉じこもってばかり。居間に出てくるように言うと、大人しく従うが、だからといって自分から話すわけでもなく、話しかけられれば答えるだけで、放っておけば、ただぼんやりとそこに座っている……。そう両親が口々に言うのを聞きながら患者が驚いたような顔付きになったので、もう一度本人に尋ねると、

「自分じゃあ以前の自分と変わったっていう感じはしないんですけど……ただ、疲れやすくなっただけで」

そう言いながら、患者は溜息をついた。時計を見ると、いつの間にか一時間近くが経っている。僕は、ちょっと考えてから、ある向精神薬を処方して、今日のところはお終いにすることにした。この薬は、分裂病でも、ヒステリーでもある種の効果が見込まれる便利な薬で、診断がつかないのに薬を出すのはちょっと気が引けるものの次の面接までのことを考えると、何も処方しないよりはましかと考えたのだ。

## バランス

三日後、患者が、今度は母親ひとりに連れられてきた。表情はずっとすっきりしている。

「おかげさまで、記憶が戻ってきました」

そんな風にうまく薬が効くはずはないのだが、と、半信半疑で聞いてみると……昔の同級生が車で迎えに来てくれたというあたりのことから、翌日ホテルをチェックアウトするまでのこと、つまり、兄が聞いてきたことだけはすべて、「ああそうだった」という具合に思い出せるようになったというのだ。

「前までは、兄から聞かされても、実感がないっていうか、なんか他人事のような気がしていたんです」

しかし、細かく聞いてみると、やはり、具体的なこと、例えば、迎えに来てくれた女の子がどんな服を着ていたのかとか、どんな車に乗ってきたのか、といった兄の話に出てこないことは、何も思い出せてはいないのだった。ただ、僕が気にしていたあの奇妙な笑みは消えていた。これだけは確かに薬のおかげだろう。いや、それればかりではない。家での様子も少しは改善したようだった。付き添ってきた母親によれば、かなり明るく振舞うようになって、テレビを見ながらの雑談にも加わるようになったということだった。

それならば今日はもう少し詳しく話を聞いても大丈夫だろう。僕は、患者の生い立ちについて聞くことにした。

患者が生まれたのは東京の下町で、大手の電気会社勤めの父、元看護婦の母、七歳年上の兄、母方の祖父母に彼女を加えての六人家族。祖父は以前はクリーニング屋をやっていたが、彼女が生まれた頃には商売を畳んで、何軒かあった家作のあがりで老後を送っていた。患者は、地元の幼稚園、小学校と進み、四年生の春に九州の町の学校に転校したのだった。父親が、その町にできた子会社の社長になったのだ。社長とは言っても、実質的には親会社の一工場長に過ぎなかったが、何しろその子会社というのが、山間の町の、過疎化を憂慮する地元の熱意でできたものだったから、現地で彼女たち一家はずいぶんと親切にしてもらったらしい。ことに社宅付近では、

「私なんかも、嬢ちゃんなんて呼ばれて……」

ごくごく庶民的に育ってきた患者が、くすぐったい思いをすることもあったのだとか。おまけに兄は進学のために東京の祖父母のところに残っていたから、

「私、思いっきりひとりっ子しちゃったんです。もともと、甘えん坊でしたけど」

しかし、学校には、ちょっと溶け込みにくかった。はじめのうちは荒々しいと思えた言葉だ

って慣れてみれば、ざっくばらんなだけだと分かったし、級友たちもみんな親切で、毎日のように放課後の遊びに誘ってくれたりしたのだが、三年からの持ちあがりクラスだったせいで、彼女ひとりが知らないクラスのしきたりのようなものがたくさんあったのだ。

「こういうことって、尋ねようもないじゃないですか」

しかし、それも、五月になって担任の女教師が産休に入り、代わりに年配の男の先生がきたら、けりがついた。その先生が、なにかというと
「雅美(患者)やおれは新人やけん、なんも分からんとぞ」と言っては、皆に細々としたこと、例えば、それまでの席替えのやり方だの班の選び方といったことを、いちいち聞いてくれたのだ。

「生徒が何か悪いことをすると、もう、いきなり怒鳴りつけるような男っぽい先生でしたけど、すごくいい先生でした。私、誰かに聞かれたら、その先生が初恋の人だったって言うことにしてるぐらいなんですよ」

患者は、にこっと笑った。もう不自然な笑い方ではない。

「それで、遠くても、同窓会に行くことにしていたのですね」

「え?・」

「その先生のことが懐かしくて、毎年正月休みに……」

僕は、尋ね直すうちに、自分が勘違いをしていたことに気がついた。

「ええと……もしかして、同窓会に行ったのは久しぶりだったんですか?」

「はい。ていうか、同窓会に行ったのは、今回が初めてなんです」

ほう。それでは、どうして今年になって、彼女は、はるばる遠い九州の町まででかける気になったのだろう。僕の問いに、患者は、小首を傾げながら、「何となくですかねえ」と言い、それから、自分の頭に浮かんだ考えに自分で賛成するかのごとくに、「うん」と頷きながら、

「同窓会の通知をもらってから、段々に、先生や皆はどうしてるかなって懐かしくなってきたんじゃないですかねえ」

その言い方が、ちょっと他人事のようなのが気になったが、僕は話を先に進めた。

「その通知が来たのはいつ頃のことだったんでしょう?」

「秋……九月か十月か、その頃だったと思います。ちょうど、会社生活もマンネリになってるなって思い始めてたせいもあるかもしれません」

彼女は、父親の任期が三年で終わって東京に戻ると、母親の母校でもある地元の中学校に進学。都立高校を経て、これまた母と同じ短大に通ったのだった。そして、そこを卒業して入っ

たのが、今の会社。勤めはじめてかれこれ二年になる。仕事は退屈というほどのことはないが、同じことの繰り返しで、これ以上いても「向上はないなあ」という感じ。そろそろ辞めて、四年制大学の編入試験でも受けようかなあと考えはじめたところだったという。

職場で何かストレスになるようなこと、ことに人間関係の縺れは無かったのだろうか。僕が、そんな精神科のお定まりの質問をしようとした時、患者が、

「先生。私のことではないんですけど」と前置きをして、短大時代の同級生の話を始めた。

その友人は、卒業後しばらく契約スチュワーデスをしていたのだが、乗務中にお客の歯医者に見初められて「めでたしめでたし」。とばかり患者は思っていたのだが、結婚式から半年ばかり経ったころ、突然呼びだされて、さんざん愚痴を聞かされた。短大時代から通っていたカルチャーセンターのシナリオ講座で、そこに講師としてきていたプロの女性ライターが作品を褒めてくれて、番組のプロット作りの仕事をくれるということになったのはいいが、それを純文学好きの夫が喜んでくれないのだという。「シナリオとはいっても、下らないミステリーだろう。一日中、人の殺し方ばっかり考える生活の何がいいんだ。不気味なだけじゃないか」と言われたのだとか。

「そんなこと言われてもねえ」と、患者は、僕の同意を求めるように言ったのだが、僕のほ

うでは、むしろ、彼女が唐突に「友人」の話を始めたことのほうがずっと興味深かった。しかし、僕がそれを問い質す間もなく、彼女は話を続けた。

紆余曲折ののちに、その友人は、結局、離婚し、シナリオ講師の内弟子にしてもらったのだが、しかし、患者のほうが一件落着とはならず、その問題をずっと考えつづけた末に、友人の夫は妻が才能を認められたことが気に入らなかったに違いないという結論に落ち着いた、という。

「ケイコのダンナはケイコの容貌が気に入って交際申し込んだんですよ。ケイコのほうも彼が歯医者さんだからって理由で結婚したみたいなとこがあるんです」

夫婦は、妻が綺麗なら、夫は知識(教養)と収入。そのバランスがとれているうちは良かったが、妻がシナリオライターとして世に出そうになったとき、夫はその「バランス」が崩れるように思ったのではないか、と患者は言うのだった。

「もしかして」と僕は口を挟んだ。その時、ふと、彼女が唐突に友人の話なんかを始めた訳が分かったような気がしたのだ。

「あなたも、バランスをとることばかり考えていて、恋愛が上手くいかないなんてことがあったのではないんですか？」

「あ、そうですよ」

彼女は、挑むような目をして、真っ直ぐに僕を見た。

「その話を聞かせてください」

すると、彼女は目を伏せて、今は話す気分にはなれない、と言ったのだった。

**友達募集**

彼女が、話す気分どころか話せる状態になったのは、それから二ヵ月も後のことだった。

その間というものは、面接にやってきても、執拗に「私の記憶を返して下さい」と訴えるかと思えば、「私なんか、もう廃人になるしかないんでしょう」と泣き、あるいは、瞬きひとつせずに僕を見つめて、「先生、昨日、天使が連れ戻しに来たんです。私が本当は死んでるんだっていうことを信じてくれますか」と言ったり。

もっとも、こういうことは一ヵ月も経ったころには、すっかり影を潜めたのだが、僕の方で、前に性急に話を聞こうとしたために症状の悪化を招いたのではないか、という反省があったものだから、慎重を期すつもりで更に一ヵ月ほど様子を見ていたのだ。

患者の表情に自然なものが戻ってきて、もう大丈夫だろうと見極めた日に、僕は、詳しい面接を再開した。

　彼女は、入社してしばらく経った頃から会社の上司の「セクハラ」に嫌な思いをしていたのだという。友達に相談しても、みんな、困ったねえ、とは言ってくれるが、妙案を出してくれる人はいない。こんなとき男の友達がいたらなあ、と思っていると、会社の同期の男の子が食事に誘ってくれた。前々から、自分に好意を寄せてくれていると薄々感じていたから、この人なら親身に聞いてくれるのではないかと思って、レストランで思い切って悩みを打ち明けると、

「いやなら、会社を辞めればいいじゃない。お父さん、お偉いさんなんでしょ？　別に働く必要もないんだから、家で習い事かなんかをしてれば。そうしたら、いやらしいことを言われたりすることもないし」

　彼女は、それを聞いてがっかりした。なんで私が仕事を辞めなきゃいけないの！

　家に帰ってからも気分はすっきりしない。ベッドの上でゴロゴロしながら考えているうちに、こんどは腹が立ってきた。若いのに、あいつもあのエロ上司と変わりがないじゃない。仕事と男女のことを混同するのが公私混同のニュー・バージョンだっていう基本的なことがまるで分かってないんだから。ああいうのが中年になるとセクハラ・オヤジになるんだよ。やっぱり、手近なところで男友達を作ろうとしたのが間違いだった。

そう考えてふと見ると、枕もとに、買ったままにしていた交際雑誌が転がっている。改めて手にとって、ページ毎にぎっしりと掲載されているいろいろなメッセージを見ていると、ちょっと興味を引かれるのがあった。感じの良さそうな人だなあ。もう夜遅かったが、二十四時間連絡オーケーとかいてあったから、電話を掛けてみたら……。

「ちょっと待ってください」と僕は彼女の話を遮った。

「会社の男の子が手近なところだっていうのは分かる気がするんですけどね、運命的な出会いではないわけですし。だけど、それがダメなら交際雑誌っていうのが、ちょっとピンと来ないんです。雑誌だって、あんまりロマンティックっていう感じはしませんでしょう？」

彼女は、はじめきょとんとしていたが、やがてクスッと笑うと、説明しはじめた。

「あのね、先生。運命的とかロマンティックとかっていうのは関係ないんですよ。私、そういうことに胸ときめかせるタイプじゃないんです。私の周りの人も皆そう。そういう（運命的やロマンティックという）ことじゃなくって、仕事と友達探しは、やっぱりきちんと区別しておきたいってことなんです」

なるほど。

「それに、同じ職場の人と付き合うみたいな偶然任せ（のこと）は嫌だし」

偶然任せ？

「だって、彼は私と付き合いたくて会社に入ったわけじゃないでしょ。会社に入ったら、たまたま同期に私がいた。それだけのことじゃないですか。だけど、雑誌に友達募集する人って、わざわざそうするわけでしょう。こっちだって、友達（を）探そうと思うから雑誌を見る。そいで、メッセージを見て、付き合ってみようかなって思って連絡する」

うーん。僕は、ちょっと考え込んでしまった。ひと時代前の社内恋愛だと、恋人たちは、付き合うようになってから振り返ってみて、そもそも同じ会社に入ったのが運命の「必然」だったんだなあ、という風に考えたものだが……もしかして、以前には街やパーティーで「偶然」知り合ったと言われたようなのも、今は、逆に「必然」として評価されるのだろうか。

「そりゃナンパされるのが一番ですよ。だって、第一印象で選ばれたっていうことじゃないですか。だけど、実際には声をかけてくる人って……ほとんどない。こっちの問題もあるけど、むこうも。気の弱い人って、あんがい多いと思うんですよね」

なるほど、そういうものか。今ひとつ納得とはいかないものの、ともあれ、そこまでの理屈は分かった。

「あと、もうひとつ。セクハラに悩んだからボーイフレンドが欲しくなったというのが、ちょっと分からないんですけど」

「あ、セクハラはきっかけ(になった)だけなんです。なんでこの私がセクハラなんかされるんだろうって考えてたら、結局、彼氏がいないから物欲しそうな印象を与えてたのかなあって思ったんですよ。自分では、あんまり自覚してなかったけど、彼氏どころか男の子の友達だっていないってことで肩身の狭い思いはしてた気がするし、それが表にでてたかもしれない。あのお、私の知り合いのお姉さんでフリンしている人がいるんですよ。その人も、(フリンしている人なら)誰でも言うみたいに、たまたま好きになった人に妻子がいただけだって言うんですけど、根本的に間違っていると思うんですよね、私は」

彼女によれば、不倫というのは寂しい女が、「たいした必然性もなく手近にいる妻帯者」と付き合いはじめたか、あるいは、「何の必然性もないのに結婚し子供を作ったような男」としか付き合えないか、どっちかだと言う。

それを聞いていて、僕は、彼女が不倫にまで考えをめぐらしていたという事実にちょっと、痛ましさのようなものを感じた。そこで、その話題にはのらないで、話をもとに戻して尋ねてみると、彼女の目にとまった雑誌掲載のメッセージというのは、

〈僕は、バイクの好きな大学生です。写真で分かると思いますが、筋肉ゼロ。身長は一八二

センチあるのに体重は五十五キロ。今乗っている原チャリ（原動機付き自転車）にはこれで充分なのですが、ゆくゆくはハーレイ（ダビッドソン）に乗りたいので、体重を増やそうと考えています。そのためにも一緒にご飯食べてくれる人を募集しています。それと、休みの日に一緒に海を見に行ってくれるなら、最高です〉

というようなものだったらしい。僕は、彼女がその文章をよく覚えていることに驚いたが、

「なんせ、サイテー十回は読みましたから。だって、写真とそのメッセージだけで（連絡を取るか取らないかを）決めるわけじゃないですか。会ってからだって、メッセージ通りの人か、いつもチェックしてたし」

おや。それって、まるで新聞の結婚広告の切り抜きを何度も読み返していた十九世紀のアメリカの女性たちみたいな話だ。そう思った僕が、つい、

「交際雑誌って恋愛の通販カタログみたいなものなんですね」と言うと、患者はハハハと嬉しそうに笑って、

「そうそう。そいでぇ（会社の）同期の子と付き合うのは近所のコンビニで買い物するみたいなものなわけ」

ともあれ、彼女は、雑誌に載っていたメッセージから「彼」の人柄を読みとって好感を持ち、

「住所が浦和ってなってたから、ちょっと（ウチからは）遠いかなっていう感じもしたんですけど」記事の隅に出ていた携帯電話の番号に掛けてみたのだった。

電話に出てきたのは、想像していたのとは違って、低い男っぽい声だったので驚いたが、気を取り直して、疑問に思っていたことを聞いてみた。

「海、見に行くって、ツーリングするつもりですか？　私、原チャリ持ってないんですけど」

「あ、大丈夫です。四輪（自動車）借りてきますから。ハーレイ乗れるようになったら、サイドカーに乗ってください」

四輪でどうですかだとか、サイドカーに乗ってくれますか、なんていう風にいちいちこっちの意向を聞かないで、「きっぱりと提案してくれるのが優柔不断じゃない感じ」で良かった。

それで、一度街で会ってみる約束をした。

## 告白

その週末。待ち合わせの大宮駅西口に約束の時間より二十分ほど前に行ってみると、駅ビルの二階から伸びている広い歩道橋の上は待ち合わせの若者たちで一杯だった。これじゃ初めての人じゃなくても会うのは大変。こういう時にはと、試しに彼の携帯電話に掛けてみると、彼も、もう近くに来ていた。

「私、ベージュのワンピースにオリーヴ色のスカーフ。OLっぽい格好で来ちゃったから、ちょっと目立たないかも知れないんですけど……駅からの出口の直ぐ右側に……」

「あ、いた！　こんにちは。手を振っているのが俺です」

見まわすと、デパートのほうから、ひょろっとした若者が恥ずかしそうに中途半端に挙げた手を振りながらやってきた。

「初めまして。俺、原チャリの……あ、もう携帯で話しする必要ないですよね」

二人は、携帯電話を仕舞いながら、一緒に笑った。

「電話の声と同じで、カワイイですね」

そう言いながら、彼は頬を真っ赤に染めた。君だって写真より本物のほうがずっとイイよ。

内心でそう思いながら、彼女が、

「今日も原チャリで来たんですか？」と聞くと、

「いや、今日は電車できました。あちこち行きたくなったとき困るから」

そう言うと、彼はまた照れて、頭に手をやった。

しかし、実際には、その日二人は、たいして「あちこち」へは行かなかった。ソニックビルのほうへ歩いていったり、ファーストフード店に入ったり、ただ、その空中遊歩道の辺りを歩き回って話しただけだった。四時間ばかり一緒にいて……(ホント、四時間も、私たち、なにを話していたんだろう)……別れる前に、

「とりあえず、友達からお願いします」と言われた。いつもの自分だったら、そんなのトーゼンじゃない、と白けるところだけど、どういうわけか、その日は、つい釣られるようにOKしてしまった。

「相手が感じの良い人だったからかもしれませんね」

彼女は、そう言うと、少し空ろな目になった。

「それで、海には行ったんですか?」

患者は、こっくりと頷いて、

「次の日曜日」と言いながら、クスンと笑い、

「彼、クラウンで来たんですよ。親戚の叔父さんの、だって。四輪を借りてくるって言ってたから、私、レンタカーかなんかだろって思ってたんですけど、まさか、叔父さんの旧式のクラウンとはね」

これじゃ友達には話せない、と彼女は思った。皆に笑われるだけだ。しかし、高速(道路)を

走っているうちに、これで湘南に行くのって、ちょっとわたせせいぞうのイラストみたいじゃないか、と思えてきた。私、長いスカートはいてくればよかったかな。運転している彼の横顔をそうっと見てみると、顎の下に剃り残した髭が二、三本。絵にならないのは、お互い様かあ。くすんと笑うと、彼が、ちらっとこっちを見た。

二人は葉山まで行き、海辺のファミ（リー）レス（トラン）で昼ご飯を食べた。彼は、思いのほか少しの料理しか頼まなかった。

「それで、おなか、足りるんですかあ？　もっと食べたら？　太ってハーレイに乗れるようになりたいんでしょう」

「いやあ、実は、軍資金に限りがありまして」

その言い方にわざとらしさがなくて、いかにも正直、という感じだったので、彼女も、もう、どこまで敬語を使うかなんて考えているのが面倒になって、

「あ、ここは私のおごりだよ」

ビックリする彼に、彼女は言ったのだという。

「普通だと恋人でもないのにこういうこと言うの失礼ってことになるかもしれないんだけど、私の場合、あなたの体重増やしに協力するっていう約束だから」

「んじゃ、お言葉に甘えます」と、彼は嬉しそうに笑うと、もう一人前の追加注文をし、それから、変に真面目な顔になると、

「今は、試用期間中みたいなものだけど、そのうち、ちゃんと告白させてもらいます」

告白の予告なんて聞いたことがない。この人、ほんと可笑しい人だよね、と彼女は思った。

レストランの駐車場ががら空きだったので、車はそこに停めたままにさせてもらうことにして、二人は海岸に下りた。ぷーんと潮の匂いがする。砂浜を歩いているとき、彼が、打ち上げられている海草を拾い上げながら、ぽつんと言った。

「俺ね、こういうのが夢だったんですよ。埼玉って海がないじゃない。だから、よけいに」

頬に当たる早春の潮風は冷たかったが、気持ちが良かった。ふとみると、沖のほうにセイリングボードがひとつ。私も、なんだか、こういうのが夢だったって気がするなあ。

帰るとき、彼は、車をガソリンスタンドに入れて洗車を頼んだ。近くのカフェテラスに入って、ミルクティーを啜りながら、彼が、

「潮風に当たったままで(叔父さんに)車を返すの嫌だから」とちょっと言い訳がましく言った。へえ、そうなんだあ、と感心していて、あ、と気がついた。迎えにきたときも、車はピカピカだったよ。この人、さりげなく気を使う人なんだ。

彼女は、セクハラの話をしてみることにした。本当は二回目のデートでするような話じゃないけど、彼が「どんなリアクションをするか」知りたいと思ったのだ。彼は真剣な目をして聞いていたが、ぽつりと、

「会社、辞めたら……」と言った。この人も、同期の男の子と同じことを言うのかと、少しがっかりしていたら、

「ごめん……俺、だからって（新しい）仕事紹介できるわけじゃないんだけど……だけどね、そんな奴を役職に就けてる会社は見込みがないって思うんですよ。そういう会社って、（あなたが仕事で）いくら頑張っても評価してくれないっていう気がする。女の人だっていうだけのことで」

いいこと言ってくれるなあ。私、ホントに、こういう人と付き合うのが夢だった気がする。この人なら、自分の方から告白してもイイかも。そう思ったのだとか。しかし、

「やっぱり、告白してくれるのを待ちました。大体一ヵ月ぐらいですかね……ちょっと待ってくださいね」

患者は、バッグの中から赤い革の手帳を取り出して、ダイアリーを繰り始めた。どのページにも色とりどりの細かい文字がぎっしりと書き込まれている。僕がそのことを言うと、

「あ、そうですよ。ホントは内容別に色分けした方がいいのかもしれないけど、私の場合、暇を見つけて、それまでにあったことゼーンブ書くんですね。ウチでもやるし、会社の昼休みとか、出先だったらドトールの中とか。それで、その時の気分次第で色(を)使っちゃう。後で見たとき、思い出しやすいし……ええと、海に行ったのが三月七日で……告白されたのが……あ、四月十三日だから、やっぱり一ヵ月ちょっと、ていうとこですね」

その日、いつもと同じように待ち合わせの大宮駅前へ行ってみると、彼はもう来ていて、高架の遊歩道の上からどこか遠くを見ていた。近づいていって声をかけると、笑顔になったが、妙に表情がこわばっている。どうしたの、と言おうとしたら、彼が、珍しくぶっきらぼうに、「原宿へ行こう」と言った。その瞬間、「あ、今日(告白されるの)かな」っていう気がして彼女もなんだか緊張してしまった。

驚いたことに、彼は原宿の小さなイタリアン・レストランのテーブルを予約していた。こんなことは初めて。

昼下がりの店内は、客も他にはおらず、一人しかいないウェイターも台所との出入り口の脇でぼんやりりしている。グラスワインに口を付けたとき、彼がそれまでの沈黙を破って、突然、ククククと笑いだした。

「いやあ、ごめん。俺って、やっぱ、こういうの苦手だよ。よーするに、俺としては、いい加減な気持ちじゃなくって、君のことが好きだから」

そこまで言うと、姿勢を正して、

「これからはァ、友達以上ってことでェ、付き合ってください。お願いします」

「はい。こちらこそ、よろしくおねがいします」

ひと呼吸おいて、そう返事したとき、思わず涙が出た。何なんだ? この涙。これがうれし涙ってもの? なんか違う気もして、自分でもちょっと戸惑ったけど、ま、いいか。悪い気分じゃないもんね。

## 物足りない

友人たちの話では、男の子って告白してしまうと急に束縛したがるということだった。彼女は、それはそれでいいと思っていた。だって、愛されるって、そういうことじゃないか?

しかし、彼はその後も、ほとんど態度を変えなかった。この人、サラッとした人なんだ。そう考えてみても、ちょっと、物足りなかった。

「あのお……変な話ですけど、彼、エッチも淡々としてて、物足りないっていうか。あれ、私、何言ってんだろう」

患者は頬を赤らめた。

「あの、私、別に……そのお、エッチがどおのこおのってことじゃないんです。そおじゃなくってぇ……告白前には、海見て、ご飯食べて、さようならだったのが、告白後には、そこにエッチっていうメニューがひとつ増えただけっていうか、なんか、そんな感じで……うーん」

「告白したわりには、しっかり愛してくれないっていう感じですか」

僕が助け船を出すと、

「そうそう。そんな感じ」と言いつつも、まだすっきりしない顔をしている。そこで、

「エッチ以外で、なんか足りないって感じたのはどんなときでした？」

「学園祭のときですかねえ」

その日、彼女は、両親が誕生日に銀座のデパートで買ってくれたワンピースを着て行った。いわゆる有名ブランド品じゃないけど、イタリア製のちょっといいニット。本当は、告白の日に着て行けてたら良かったのに、と、ずっと思っていた服だ。

彼の大学は、さすがに一流大学だけあって、なかなか趣があった。古くて汚くて、トイレなんかは正直言ってもう二度と使いたくない、というほどのものだったけれども、彼女の卒業し

た短大にはない風格のようなものがあった。当たり前のことだが、男の子がたくさんいるのもちょっと新鮮というか驚きだった。キャンパスを歩いていると、すれ違う学生たちが、「おー」とか「やあ」と彼に声をかけてくるのが、初めのうちは面白かった。しかし、そのうちに……。

噴水の池の縁に座って焼きそばを食べているとき、彼が尋ねた。

「どうしたの?」

「別に」

「別にって、なんだか楽しくないみたいじゃない」

「だって、別に……どうもしてないもん」

何度かやりとりしているうちに、彼女は、自分が何に不満を持っていたのか気がついたのだった。

「だって……誰にも私を紹介してくれないじゃない」

今度は、彼が「だって」を言う番になった。

「だって、俺が仲のいい連中は皆、(学園祭に)来てないんだよ。皆、サークルとか入ってないし、彼女がいるわけじゃないし……まさか、たいして仲が良くもない奴にまで、あ、これ、俺の彼女って紹介するのも変じゃないか」

彼の言うことは、よく分かった。だけど、これは今日のことに限らない。今までも一度だって、彼がその「仲のいい連中」に紹介してくれたことはなかったのだ。

「告白(の日)から半年も経っていたんですよ……」

患者はそこまで話すと押し黙ってしまった。

「でも、そのことは彼には言わなかったのですね」

彼女はぼんやりした目で僕の方を見た。そのうち、返事の代わりでもあるかのように、涙がすうーっと両頬を伝わって落ちた。ティッシュペーパーの箱を渡すと、彼女はそこから乱暴と言って良いほど無造作に、二、三枚まとめて取って、目に押し当て、そのまま、しばらくじっとしていた。

頃合を見計らって、僕が、

「なぜ言わなかったのです? 言えなかった?」と尋ねると、

「自分でも……分かりません」

それはそういうものかもしれない、と僕も思った。時間がかなり経っていたので、その日の面接は、そこで終わることにした。

## ページがない

次の面接で、挨拶が済むと直ぐに僕は、尋ねた。

「ところで、前回話に出た学園祭のことなんですけど、あれは何月何日のことだったんですか?」

「え、何月何日ですかあ?」

彼女は、どうしてそんな細かいことを聞くのかという顔をしながらも、床においてあったバッグを膝に載せると、手帳を取り出した。例の赤い革表紙のシステム手帳だ。

「十月二十二日です」

「そうですか……で、同窓会の連絡が来たのも秋だった、とおっしゃっていましたよね。それと学園祭に行ったのと、どちらが先でした?」

「うーん。覚えてないですねえ……」

「その手帳には書いてないんでしょうか?」

「あ、そーですよね……あ、ありました。十月十四日、この日に葉書を受け取ってる。だから、同窓会の通知の方が先だったんですね」

返事は二十三日に出したと書いてあるという。

「九州の同窓会のこともそこに書いてあるんじゃないでしょうか?」

彼女が顔を輝かせた。

「あ、そりゃそおですよねえ……」

彼女は仕舞いかけていた手帳を再び開いた。

「何で私、思いつかなかったんだろう。これを見れば、記憶を失った日のことも……ええと、じゅう……に、がつ……あれーっ!」

患者は悲鳴を上げると、呆然として、僕を見つめた。

「どうしました」

「ページがないんです。暮れから正月にかけてのとこゼーンブ。なんでこんなことになってるんだろう……」

**恋愛の条件**

その次の週、患者は予約時間に大幅に遅れてやってきた。久しぶりに付き添ってきた母親が、

「済みません。出がけに(支度に)手間取ってしまって。あの、先生。診察が終わってから、ちょっと、お話しさせていただけませんでしょうか」

僕は、今、話を伺う、と言った。患者に内緒で話すのはうまくない、と思ったのだ。母親は、ちょっと戸惑いながらも、

「実は、この間、診ていただいてから、ちょっと、雅美の様子が……変で、また以前のように、一日中ぼーっとしていて、動作ものろくなってしまいまして。それだけならまだいいんですけど、ふらっと私たちのところへ来て……」と言い、それから、娘の顔をちょっとうかがうようにしながら、

「……手帳のページを知らないかって言ったりするんです。私たちには何のことか分からないんですけど、なんだか、私たちのことを疑っているようなんです。こんなことは今までになかったので……。ここのところずっと、おかげさまで、本当に順調だったので、それだけに心配になりまして。また、(病状が元に)戻ってしまったんじゃないでしょうか」

「あ、それなら大丈夫です。一時的なことですから」

母親はホッとした顔になって、部屋から出て行った。それをぼんやりと見送っていた患者がこちらに振り向いたとき、僕は尋ねた。

「以前伺った話では、同窓会の連絡が来たころ会社生活がちょっとイヤになっていて、そのせいもあって、同窓会に出席するつもりになった。そういうことでしたね」

患者が、こくりと頷いた。

「セクハラ問題はどうなっていたんです?」

「あ、あの上司は転勤になったんです。他に問題があって飛ばされたみたい」

「確か、進学しようかと思っていらしたのも同じ頃の話ですよね。進学のための資料調べはしていたんですか?」

「え?」

「以前のお話では、会社を辞めて四年制の大学に編入しようかと思っていた、ということでしたよね。それで、もしかすると、そのために資料集めをなさったかなと思ったんです」

患者は、ああ、そういうことかという顔をした。

「少しだけ……編入のあるところとか、社会人入試の(ある)とことか、どこ(の大学)で募集しているかを調べましたけど、そんな程度です」

「それで、いつ頃、試験を受けるつもりだったんですか」

「正直言うと、私、あんまり本気じゃなかったんです、進学」

「本気じゃなかった?」

「ええ、進学しようかなっていう話(を彼に)したとき、彼も、大学に行ったって仕方がないみたいなこと言ってましたし……」

患者は、口を閉じると少し俯き、それから上目遣いに僕の方を見た。

「でも、彼にその話をしたときは、あなただって、ある程度は本気だったわけでしょう？」

「ええ、まあ」

「だけど、彼の意見を聞いて、本気じゃなくなった。そんなところですか」

彼女がコクンと頷いた。

「で、そのとき、彼は、具体的にはどんな風に言ったんです？」

「大学に行けば勉強になるってものでもない、みたいな感じですかね」

「突き放す感じ？」

「いや……」

二人は、昼下がりの電車の最後尾に乗っていて、車掌室の窓を通して、後ろに遠ざかってゆく線路を見ながらその話をしていたのだが、彼が、

「僕の場合は勉強になってないけど、君なら大丈夫かもね」と言うなり、くるりと体を回転させて、壁に取り付けられている手すりを後ろ手に持つと、

「あ、あった。ねえ、あれ、行ってみない？」と言ったのだった。彼の視線をなぞると、そ

れは結婚式場の中吊り広告。

「前から、あれ気になっていたんだ。模擬挙式って書いてあるだろう。ね、面白そうじゃない？　行ってみようよ」

あまりに急な話題の転換に、彼女はなんだか気が削がれてしまったのだという。

「だけど、後で考えてみたら、自分がどれほど勉強したかったのか、疑問に思えてきたんですよ」

「じゃ、そもそも大学に行こうかなって思ったのは、どうしてだったんです？」

「私、彼が私のこと（を彼の）友達に紹介してくれないのが不満っていうか、気になっていたじゃないですか。あれ、もしかして、自分の学歴のせいじゃないかって、ちらっと思ってたんですよ。何しろ、私たち、バランス悪かったから。彼は、頭いいし、やさしいし。だけど、私……」

患者の目に涙が浮かんだ。

「ケイコの話、しましたよね。私、ケイコみたいにバランス考えて結婚するの馬鹿にするっていうか、駄目だって思ってましたけど、それは、人のことだからそう思えるわけで、自分のこととなったら、やっぱり、気になったんですよ。学歴のことだけじゃなくて、私、性格だって悪いし……」

患者が嗚咽を始めた。

「私、あの時も、ケイコの相談に乗ってて、あの時は真剣に聞いてた、って言うか、真剣なつもりだったんですけど……(後で)別れたって聞いたとき、ほっとしたっていうか……友達の幸せが壊れて喜ぶ自分が……」

患者は、しばらく泣いていたが、急に怒ったような顔になって、

「先生。恋愛って相手の条件が悪い(時の)方がいいですよね。自分が平気なら、それで済むし。だけど、自分の方が(条件の)悪い時は、(相手が)なんとも思っていなくても、自分が気にしたら、もうどうにもならない」と言い、それから、ふっと空ろな目になったのだった。

## 手編みのマフラー

一週間後に、患者はやって来ると、椅子に座るなり、

「先生。私の手帳(のページ)を破った犯人が分かりました」と言った。

僕が黙っていると、患者は、にやっと奇妙な笑みを浮かべて、

「天使だったんですよ」

僕は、軽く頷くと、

「その話を伺う前に、一つだけ聞いておきたいのですが、他にも無くなっているページはありましたか?」

「いいえ、他には」

「それはよかった。ちょっと今、手帳を見ていただきたいんですけど、電車の中で彼と進学の話をしたのはいつのことだったのでしょう?」

「ええと……」

十一月三日だという。

「それまでに、彼に、同窓会に行くって言う話はしていましたか? していたとすると、それはいつの……」

「しません。だって、同窓会には行かないつもりだったんですから」

「え? だって……」

僕は急いで手元の記録を繰って、

「十月二十三日に返事を出したって、おっしゃっていましたよね?」

「それは、欠席の返事だったんです」

「あれっ、そうだったんですかあ」

僕の詰めが甘かったようだ。

「分かりました。それでは、天使の話を聞きましょうか」

「ちょっと、時間がかかりますけど、イイですか？」

僕は時計を見た。充分時間がある。そう告げると、患者は表情を変えずに低い声で話しだした。

模擬挙式には、本当に行った。「ええと、十一月十九日ですね。」その日は家を出るまで、なにを着て行くかで、ちょっと迷っていた。彼に式場で「プロポーズの予告」をされるんじゃないか、という気がしていたのだ。何しろ、彼は告白だって予告したぐらい……ありそうなんだよね。後悔するのは絶対イヤだから、一応、お気に入りのシルクのパンツスーツを着ていった。

結婚式は、ちょっと感動的だった。「模擬」でも、やっぱりウェディングドレスはいい。お父さん、これ見たら、なんて言うかな、みたいなこともチラと考えた。でも、終わって会場の外へ出たら、なんか白けた気分になってきた。彼は、プロポーズの予告はしないし。どういう気で、こんなところへ連れてきたんだろう。そう思って聞いてみると、

「俺ね、こういうの前から一度やってみたかったんだよ」

ふつう、男の人が、そんなこと考えるかあ？　と思ったが、その時はそれ以上何も聞けなかった。

夜、夢を見た。若い男が結婚式場の前で泣いている。綺麗な女がウェディングドレスの裾を持ち上げながら式場から出てきて、きつい語調で、

「私のことは諦めなきゃだめ！」と言うのだ。女の後ろには、礼服を着た様々な年齢の男たちが押し黙って控えていた。

次の日も、その次の日も似たような夢を繰り返し見た。泣いている男の顔を見ようとしても、どうしても見られない。ある夜、あ、彼だと思った途端、その顔が変化して自分になった。昼間は、夢に出てくる女性のことばかり考えていた。誰なんだろう、あの人？　私、一度も会ったことないよねえ。

ある日、喫茶店でミルクティーを飲んでいて、ハッと気がついた。そういえば、彼のアパートで、手編みのマフラーを見つけたことがあったじゃない。あの時、何気なく手にとって、

「マフラー（を出すの）なんて、まだ（季節に）早いんじゃない」と言ったら、彼が、

「姉貴が持ってきたんだよ。いつも、失敗作は俺んとこ」とか言って、こいつ、なんで言い訳みたいな言い方するんだ？　と、その時は思っただけだったけど、今、考えてみると、あの

部屋には他に「失敗作」なんて一個もなかったじゃない。あれは、多分、大切な思い出の品だったんだ。もしかして、昔彼が付き合っていた人からのプレゼント（だ）とか。彼が自分を友達に紹介してくれないのも、その人のせい？　仲間に会わせて、昔の話がでるとマズイとか。でも、普通は、そんなことじゃ、心配したりしないよね。ていうことは、今、二股かけられてるっていうこと？　いや、それは、ない気がするなあ、あのマフラー、そんなに新しいものじゃなかったし。やっぱり昔の……。彼女の頭の中で考えが堂々巡りし始めた。

それからしばらく経って、彼と会っているとき、思い切って尋ねてみると、高校の頃、年上の女子大生と付き合ったことがあるという返事だった。年上？　私と同じじゃない！

「その人、結婚した？」

「よく分かるなあ」

私って勘がいいんだからね。その時、本当は、その人が綺麗だったかも聞いてみたかったけど、ぐっと我慢して一番肝腎なことだけを聞いた。

「何でその人と別れたの？」

「バイクが嫌いだったんだ」

「それで？」

「もういいじゃないか。その人、この世にいないんだから」

えーっ。全然よくないよー！　彼女は心の中で叫んだ。マフラー、後生大事にとっておいてるくせに。この世にいなくっても、君の心の中に居続けてる証拠じゃないか。私どうしたらいいのよ。死んじゃった人とだったら、張り合うことだって……私、絶対に勝てないよ……。

「天使っていうのは、その亡くなった女性のことだったんですね」

彼女は、こっくりと頷くと、

「ウェディングドレスの」とだけ言った。

彼女が帰った後で、僕はカルテに表を作った。

十月十四日：同窓会の通知が来る。

十月二十二日：学園祭。友達に紹介してもらえない。

十月二十三日：同窓会の返事を出す。（実はこれ、欠席の返事）

十一月三日：彼に〝進学〟の話をする。はぐらかされる。

十一月十九日：模擬挙式。この夜から夢を見る。

暮れ？：思い切って、彼に尋ねる。昔の彼女は亡くなっていた！

一月二日：九州へ。

僕は、患者が「彼」に昔の恋人のことを尋ねたときの状況を改めて詳しく聞かなくては、と考えた。

## 黒服の男たち

次の面接で、僕はまず、その日にちを確かめた。もしかすると、この一週間の間にその記録までもが、と心配したが、幸いなことに、十二月二十四日という日付が手帳にちゃんと残っていた。

「クリスマスイヴだったんですか」

僕がそう言うと、彼女は、三、四秒、間を空けてから、悲しげな顔で答えた。

「あんな話(を)聞く(べき)日じゃなかったんですけど」

「どこで、聞いたんですか」

「湘南……」

二人は海辺のレストランにでかけたのだった。彼は、都心の一流ホテルのレストランに予約を入れると言ってくれていたが、彼女が、思い出の海岸がいいと、主張したのだ。

車で何度かその前を通ったことのある、こぢんまりとしたレストランは、「正解」だった。メニューのプライスがリーズナブルだったし、ガラス張りのテラスもいい雰囲気を出していた。彼が、乾杯をしながら

「来年もここに来よう。再来年も、再再来年もずっとね」と言った。なんだか、プロポーズされたみたいで、いい気分になって、彼女も、

「来年からは、ハーレイで来たいね。君もダイブ筋肉ついたし」と言うと、彼は、

「だいぶお金もためたよ。後一年、中古なら何とかなるかも知れない」

今度は、二人とも黙ったままで、グラスをかちんと合わせた。

食事がひと通り終わったのを見計らって、ウェイトレスがケーキのワゴンを押してきた。真っ白い小型のクリスマスケーキの周りに、ムースや、ガトーや……そのとき、ふっと、例の夢を思い出してしまった。ホント、何でこんなときに思い出さなくっちゃいけないんだ、と自分でも思ったけど、いったん思い出したら、もう、どうしようもなくって、

「ねえ、私の前に彼女、いた?」と聞いてしまったのだ。

その夜はそれまで、久々にとてもいい気分だったから、小さな痼《しこ》りが我慢できなかったのかも知れない。しかし、結局は、それが大きな痼りになってしまった。

彼に、ぴしゃりと「もういいじゃないか」と言われては、それ以上聞けなかったし、「その人(が、もう)この世にいない」というのにショックをうけたことを気取られたくなかったから、その後は、努めて「イヴ」にふさわしい話題を探したのだったが、ちらっと窓ガラスの向こうを見ると、真っ暗な海の中から時折、投光器の明かりに照らしだされた白い波頭が、音もなくふわっふわっと浮かび上がってきて、妙に不気味だった。

無理をして明るく振舞ったせいか、帰りの横須賀線の座席に座ったときには、さすがにもう疲れてしまって、彼の肩に頭を載せて目を閉じていた。もちろん本当には眠れなくて、「その人バイク嫌いなのに何でマフラーなんか編んだんだろ。あれ、バイク用じゃなかったのかなあ」なんてことばかり考えていた。

東京駅に着いたとき、彼が、やさしく肩を揺すってくれて、

「どうする?」と聞いてきたが、今から浦和の彼のアパートに行く気にはなれなくて、

「今日は、もう帰る」とだけ言ったとき、自分の声が自分でも驚くぐらい震えているような気がした。彼は、それには気がつかなかったみたいで、少し残念そうな顔をすると、

「じゃ、またな」と言って、総武線のホームまで送ってきてくれた。別れ際に、

「イヴ、ありがとう」と彼の耳にささやいたら、彼がサッと二、三歩離れて、サーカスのピエ

ロがやるみたいな馬鹿丁寧なおじぎをしてくれたのが、なんだか救いのような気がした。

しかし、その夜、また夢を見た。今度は、礼服の男たちが自分の周りを取り囲んでいる。自分は俯いて、何かを一生懸命にしているが、そのうち、男の一人が、前に出てきて、なにやら怒鳴りだした。誰かに助けを求めようと体をねじって振り向くと！ 天使の格好をした例の綺麗な女が冷たい目をして自分を見つめている。

そこで、目が覚めた。あのままだったら、私、死後の世界につれて行かれたんじゃないだろうか。汗をびっしょりとかいていたので、パジャマを脱ぎ、体を拭いてから、普段着に着替えた。また横になっても、どうせ夢の続きを見るだけ、という気がしたのだ。

夜が明けた。何となくほっとして、家族を起こさないように気をつけながら、そうっと表に出たら、道の向こうの角を若い男が曲がって行くところだった。冬のこんな朝早い時間にも歩いている人がいるんだ。

ふと、朝食用のヨーグルトを切らしていたことを思い出して、近くのコンビニまで自転車に乗って行った。レジを済ませてから、雑誌をぱらぱらと見ていたら、何となく視線を感じて、目を上げると店の外からこっちを見ていた男と目が合った。慌てて目を伏せ、しばらくして、そうっと顔を上げてみたら、もう誰もいない。あれ、今さっきの人じゃなかった？

家に帰っても気になって、カーテンを少し引いて表を見たら、塀の向こうを誰かが歩いていった。別の人のようだったけど、何だか、ウチの様子をうかがっていたような気がする。

銀座の街角でナンパされかけたのは、次の日だった。会社の帰りに、突然、

「ねえ、ぼくのおごりで、飲みに行かない？」と声をかけられたのだ。こんなこと今まで一度だってなかったのに。断ったら、その男の人、私の顔を覗き込むようにしてから、何も言わずに、どこかに行ってしまった。変だよ！　普通、ナンパする人って、断られても、その辺でうろうろして、次の子を探すもんじゃない？

それから気をつけていると、しょっちゅう、男たちに付け回されていることが分かった。歩いていていてパッと振り向くと、いつも、後ろから歩いてきていた男が慌てて急に向きを変えたり、自分を追い越していったり。そして、入れ替わりに、必ず、別の男が何食わぬ顔をしてついてくるのだ。エンジンを吹かせたままの車で寝た振りをして、自分を監視している人もいた。

「こういうのって何なんだって考えていたら、奇妙なことに気がついたんです。そういう怪しい人たちって、皆、黒っぽい服だったんです」

僕は黙って頷くと、カルテに作ってあった表に「この頃、発病」と記入した。

## やっぱり行く

この面接を境にして、患者は表情が穏やかになり、反面、昼間に眠気がすると訴えるようになった。これはよくあることで、僕は「シーソー」と呼んでいる。病状が「重い」ときには薬が「軽い」感じで、副作用も少ないのに、病状が「軽く」なると薬が「重く」なり、体がだるくなって眠気が差す。僕は面接のたびに、少しずつ薬を減らしていった。ある日、面接を終えようとすると、患者が

「先生、一つ聞きたいんですけど」と言った。

「前に、黒服の人たちの話をしましたよね。あの人たちって何だったんでしょうか……あれって、本当にあったことですよね？」

「今でも付け回されることがあるんですか」

ない、という返事。そこで、僕は自分の意見を言った。患者の周りに男たちがいたのは本当だったろう。しかし、おそらく皆、患者を監視していたのではなくて、偶然そこにいただけ。

「そういう可能性が高いと思うんですよ」

すると患者は、

「そうですよね。（面接で）話してしまったら、私もなんか、錯覚だったのかなあ、みたいな

気がしてきて……でも、そうだったら、私がやってきたことって何だったんだろう、とか思って」

「やってきたこと?」

「あれが全部自分の錯覚だったとしたら、逃げて九州まで行ったりして……」

逃げて?　僕はハッとした。

「九州のことで何か思い出したんですか?」

患者はこくんと頷くと、

「ええ、毎日少しずつ」と言ってから、話を始めた。それによると――

押し詰まってきても患者はなんとか仕事には出ていた。しかし、会社の行き帰りに出会う「黒服の男たち」のせいで気の休まる日はなかった。ようやく仕事納めが済んで休みに入ると、外出を避けるようにしたが、家にこもっていても、いつも表から見張られているようで、緊張が続くのには変わりがなかった。

元旦。昼過ぎに、家族が例年通り、一同で富岡八幡宮に初詣に行こうということになったとき、彼女は頭痛がするからと言い訳をして留守番をすることにした。一緒にでかけて、自分以外の家族にまで迷惑がかかるのが嫌だったのだ。皆が家を出て、四、五分した頃、突然電話が

鳴った。恐る恐る出てみると、

「明けまして、おめでとうございまっす！　誰か分かるね？　ウチ、京子ったい。お久しぶりでっす」

同窓会の幹事からだった。欠席通知を寄越した人に片っ端から電話しているのだという。当日会場で皆に聞かせるためにメッセージをテープに吹き込んでもらうことにしたとかで、

「こっちで（録音の）スイッチば入れるからね。私が、はい、って言うたら、近況でも何でもよかけん話して」

そのアクセントの懐かしいこと。彼女が思わず、

「私、やっぱり行くことにしようかなあ」と言うと、電話の向こうから伸びやかな笑い声が返ってきた。

**同窓会で**

翌日、彼女は早朝の新幹線に乗った。男たちの影はあちこちにあったが、何としてもあの町へ戻ろう。戻れば何かが変わる。そう自分に言い聞かせていた……。

ホテルには、約束通り京子が迎えに来てくれた。昔のまんまの丸顔。それに、赤いワンピー

ス。

「あんたぁ、ホント昔っから赤が好きやったもんねえ」

自分でも不思議なぐらいスラスラと方言が出てきた。京子と二人、子供の時みたいに、お互いの指を絡めたまま、ぴょんぴょんと飛び跳ねて再会を喜び、それから、体をくっつけ合うようにして、部屋の外へ出ると！　黒服の男がそこに立っていた。彼女が呆然として見つめていると、

「圭ちゃんやないね。忘れたと？」

「え、あの……圭ちゃん？」

立花圭太郎は同級生の中でも、彼女には、ちょっと特別な男の子だった。父の会社の副社長のひとり息子で、やはり転校生だったということもある。しかし、そんなことより、圭ちゃんは誕生日に呼んでくれた初めての男の子だったのだ。しかも、当日、母親に買っておいてもらったハンカチーフをプレゼントに彼の家に行ってみると、呼ばれていた女の子は彼女だけ。

その後、学校で男の子の一人が、

「圭太は雅美んこと好いとるとぞ」とからかってきたことがあったが、それも一回っきり。圭ちゃんも、彼女がちょっと心配したように「誕生会に女ば呼んだ」と同級生たちに嗤われる

ことはなかった。それどころか、他の男の子たちも、それからは誕生日に女の子たちを呼ぶようになった。そういうこともあって、彼女にしてみれば、後々まで妙に嬉しい思い出となっていたのである。

立花圭太郎は、彼女がにわかに分からなかったのも無理からぬほど変貌を遂げていた。六年ほど前に一度会ったときには、まだ、ポチャッとして、昔の面影があったのだが。

あの時は二人とも高校生だった。突然圭ちゃんが何の前触れもなく東京の家にやってきて、玄関先で、

「こんにちは、圭太郎です。今、アメリカから帰ってきました」と大きな声で言ったのだ。あがってもらって、ちょうど祭日で両親がいたから、皆で懐かしんで彼を取り囲んだ。はじめは彼の、その後の暮らしについて両親が聞いた。

彼のお父さんは二代目の現地社長になったのだが、一年も経ないうちに急性白血病で亡くなり、彼は母とともに母親の実家のある長崎に引っ越した。そこまでは、前任者として葬儀に出席した父も知っていたが、その後の安否が気になっていたのだ。彼は、聞かれるまま、淡々と話した。今では県立高校に通っていて、奨学金の試験に受かって米国に一年留学し、いま帰国したのだと。

三十分ほど経った頃、彼がもう帰らなくてはと腰を浮かした。留学生たちはグループで学生用のホテルに泊まっていて、夕食の時間までに戻らなくてはならない決まりだと言うのだ。父親が団長に電話をして、許可を取り、母親が寿司の出前を取った。それから、いろいろアメリカの話なんかを聞いた。

十時には戻すと約束していたので、九時半に彼女が駅まで送っていくことになった。いざ、二人きりになると、たいした話がなくって、むかし、彼女たち一家が九州を去る前日の夜に、彼がやってきて、東京の住所を教えてくれ、そのうち必ず会いに行くからと言った、あのとおりになったね、なんていう話をした。彼は、

「ほんと、おれ、雅美んこと好いとったけんね」と、余所見をしながらぼそっと言ったのだった……。

その日以来、二人は文通をしていたのだが、年月と共にだんだん疎遠になって……そういえば、お互いとんとご無沙汰になっていた。

六年前には、別にどうってこともなかったのに、今度は、圭ちゃんが大変貌を遂げて、ホント、見違えるほどの若者になっていたせいか、彼女も何だか妙に緊張してしまって、京子の車が停めてあるところへ行くまでろくに言葉が出なかった。圭ちゃんも黙ったまま。

「どうしたんね。あんたたち、昔ぁあんなに仲良かったとに、まさか照れとるんと違うやろうね」

圭ちゃんが、へへっと笑ってこっちを見た。うちの玄関に立ったときと同じ笑顔だ。急に、気持ちが楽になって、ぼそぼそとお互いの近況など話し合った。圭ちゃんは今、福岡の大学に通っているとのことだった。

車がホテルの駐車場を出る頃になって、彼女はふと不安になって、辺りを見回してみた。しかし、怪しい影はない。その後も気をつけていたが、跡を付けられるなんてことは全くなかった。おかげで、同窓会の間中、彼女はのびのびとした気分で、それこそ十数年ぶりに会う恩師や級友たちと楽しい時間を過ごすことができたのだった。

二次会の後は圭ちゃんとタクシーで一緒に帰った。皆酔っぱらっていて、とうてい送ってもらえるような人がいなかったのだ。皆は、圭ちゃんと自分が同宿だと知ると、酔いに任せて「アブナーイ」「アヤシー」と叫んだ。私は笑いながら、「それはナイナイ」と明るく言い切った。私と圭ちゃんの間で、なんかあるわけ無いじゃない。

しかし、ホテルについてエレベーターに乗ったら、なんだかこのまま別れるのがつらくって、「部屋の前まで送って」と言いたかったけど、何も言えないうちに、圭ちゃんの泊まる三階になった。私は、五階。

あ、これでおやすみなさいって言ったらおしまいになっちゃうって思って、圭ちゃんが降りるとき、思わずエレベーターの扉を押さえて、

「私、結婚することにした」って嘘をついてしまった。圭ちゃんの瞳が大きく開くのがはっきりと見えた。

「ショック？　結婚式には呼ばんけんね」

「うん」

圭ちゃんは、そう言うと、

「じゃ、幸せんな」と笑顔を残して、エレベーターから離れていった……。

「それにしても、どうして、そんなことを言ったんです？」と、そこで僕が尋ねると、患者はうっすらと涙を浮かべて、

「時間稼ぎっていうか、切羽詰まってってっていうか……もしかしたら、圭ちゃんが（結婚するのを）やめてくれって言ってくれるんじゃないか、みたいなこと期待してたのかもしれません」

部屋に戻っても、彼女は妙に気持ちが高ぶっていたという。圭ちゃんが戻ってきて、ドアをノックするんじゃないか。電話を掛けてくるんじゃないか。

「そんなわけないとは思っても、もしかするとみたいなこと考えちゃって」

しかし、何事も起こらなかった。圭ちゃん、昔から、変にあっさりしたとこがあるからね。あんな変な嘘つかなきゃ良かった、とも思った。だけど、他になんて言えば良かったっていうわけ？　まさか、お休みのキスしてとか言えるわけないし。あ、部屋まで送ってぐらいのことなら言っても良かったかなあ。でも、もう後の祭りだよね。あれこれと考えているうちに、何だか諦めがついた気がして、彼女は寝る支度をすると、ベッドに入った。

朝、頼んであったモーニングコールで目が覚めた。すっきりしたいい気分。昨日あんなことがあったのに、何だか嘘みたい。あ、悪夢を見なかったんだ、と気がついたのは、しばらく経ってからのことだった。これも、圭ちゃんに会ったおかげだね、きっと。あ、そうだ、圭ちゃんと一緒に朝ご飯食べよう、と思って、彼の部屋に電話してみた。昨日の夜、こっちから（電話）する手もあったなあ、と思いながら受話器に耳を付けていたが、誰も出ない。フロントに掛けてみると、もう、お帰りになりました、という返事。運命っていうのはこんなものかも知れない、しょうがないよね、なんて考えながら、彼女も帰る支度をして、朝食を取り、チェックアウト。

そこまではよかった。しかし、会計が済んで、フロント係の女の子に、

「お気をつけてお帰りください。またのお越しをお待ち申しております」と挨拶されたら、急に帰るのが怖くなった。イヤだなあ。帰りの電車、大丈夫だろうか。

しかし、考えていても仕方がない。患者はホテルを出て駅に向かって歩き始めた。短い道程の半ばまで来た時だった。突然、後ろの方で大勢の人の声がして、振り返って見ると、ホテルの前に止まったバスから黒服の男たちが何人も、何人も出てくるところだった。あ、と思った途端、体が金縛りにあったように動かなくなった。

「すべてを忘れるんだ」

あの女の甲高い声が響き、それから、手だけが勝手にゆっくりと動いて、旅行バッグの中から手帳をとりだすと、ページをびりびりと引き毟《むし》ったのだった。

患者の記憶が戻ったので、それから一ヵ月様子を見た末に、僕はひとまず治療を終えることにした。それを告げると、患者は、

「彼とのこと、私、どうしたらいいんですか？」

そういえば、「彼氏」には、記憶を失ったから当分会わせられない、と家族から伝えてもらっていたのだ。

「治ったよ、と自分で電話してみればいいでしょう」

「だけど、元に戻りますかあ？　私たち」

それは分からない、と僕は答えた。

「そりゃそーですよね。相手のあることだから」

その日の夕方、母親から電話があった。ちょうど家でも、患者がすっかり元に戻ったと、話していたのだとか。

次に、娘が電話口に出た。

「彼と明日、会うことになりました。雰囲気としては、もう一度、付き合う感じ……だけど、また記憶喪失になったら、私、どーすればいいんですかあ？」

「そのときは、また病院にいらっしゃい」

「そんなあ……ねえ、先生ったら、また病院にいらっしゃいだってよ」

電話の向こうで家族一同の笑う声がした。

しかし、その後、彼女が受診することは二度となかった。

# 終章　純愛と呼ばないで

## 転職

ある日、三十四歳の、精悍な顔付きの男性が受診した。転職したばかりの会社が倒産してしまって以来、ずっと眠れないでいるとのことだった。自分が立て替えていた営業経費の三百万円も戻ってくる当てがないという。

一見して病気ではないと分かったが、だからといって睡眠薬を処方するだけではいかにも芸がないから、少し話を聞いてみると……。

彼は、北関東のある食品卸問屋で十四年の間、営業一筋で働き、かなりの評価も得ていたが、半年ほど前に引き抜かれて東京に出てきたのだった。大都会で自分の営業能力を試そうと勢い込んだ矢先のことだったから、倒産と聞いて拍子抜けしたが、それにも増して、いくら業種が違うからといって、そもそもそんな危ない会社だと見抜けなかったのが悔しい、と言う。

なるほど、彼にとって職や金を失ったことは、単に経済の問題ではなかったわけだ。しかし、自尊心が傷ついて眠れないといっても二、三日ならともかく、こうも長く続くというのは普通ではない。その背景には何らかの事情があったはず。そう考えて、さらに尋ねてみると、引き抜きの話は以前からしょっちゅうあったことだが、このたび転職を決意したのは、自分に目を掛けてくれていた社長が亡くなったのがきっかけだった、と分かった。

「考えようによっては、亡くなった社長の恩義に報いるために会社に残ってガンバルっていう途もあるとは思ったんですけど……」

跡を継いだその社長の甥というのが保守的な商売の仕方を好む人で、自分が練りに練った営業プランも新社長の「鶴の一声」であっけなく却下されてしまったのだという。今は会社の内部を固めるときで、新しいことに手を出す時期ではないと。

「なるほど、それで引き抜きの話があったときに……」

「そうなんです。おやっさんのときに、あ、自分は(前の)社長のこと、陰では、おやっさんて呼んでたんです。で、その案件は常務会でとっくに承認されていたものだったんですよ。おやっさん直々に、いい計画だって褒めてくれて……」

患者の瞳が微かに潤んだ。

「おやっさん、うちの会社でやりたいことができないんなら新天地で頑張ってみろぐらいのことは平気で言う人でした。自分が転職したのも、おやっさんが生きていたら絶対賛成してくれてるって、自分じゃあ、そう思って……それなのに（新しい会社は）あっさり倒産で……」

彼は、そこで言い淀んで、自分の足元をボンヤリと見ていたが、急に顔を上げると、

「そうかあ、結局おやっさんの期待に副えなかったってゆうか、自分は、それで落ち込んだんですかねえ」

亡くなった人の期待に副う？　言い方がちょっと妙だが、おそらく患者は、その社長がまだ生きているものとして行動してきた。つまり、まだ社長の死を受け入れる気持ちになれないでいる、ということだろう。

「よほど、その社長さんのことが好きだったんですね」

「はい。大学を中退して路頭に迷っているときに拾ってくれた恩人ですから」

彼は高校時代バレーボールの花形選手だった。卒業前には方々からスカウトの声がかかったほど。結局はスポーツ奨学金付きの大学に進学したのだが、良かったのはそこまでで、入学後は思ったほどに背が伸びず、正選手になる見込みが薄れかけたところに、二年になると模擬試合中に怪我までして、一ヵ月練習を休む羽目になった。それで、直ちに奨学金が打ち切られるというものではなかったが、何となく学校に居づらくなり、しかも、よく考えてみれば、彼自身、大学で何を勉強したいわけでもなかったので、結局退学届を出して、田舎に戻った。

女手ひとつで育ててくれた母は、大学を出る年齢になるまでは面倒をみる、と言ってくれたが、本人にしてみればそう悠長に構えているわけにもゆかず、母校のバレー部の練習を手伝いつつ仕事探しをしているときに、後援会の人の紹介で前の社長に会うことができたのだった。

「おやっさんは、営業のイロハから教えてくれました」

患者は懐かしそうに言うと、しばらく宙に目を走らせた。

「ほんと、自分には目を掛けてくれて……嫁の世話までしてくれようとしたんですよ。年頃の姪がひとりいるけど、お前にどうだって」

「あ、それが奥さん？」

「いや、違います。結局、断ったっていうか、辞退したっていうか……」

「縁談を断ったんですか。理由は何だったんです？」

「それが自分でもよく分からないんですよ。おやっさんが亡くなってから、なんどか考えてみたりしたんですけど……とにかく、お話をいただいたとき、思わず、その場で、好きな人がいますからって言っちゃったんです」

「そっちが奥さんですか？」

「ま、そうです。ろくに付き合っていたわけじゃなかったんですけど。とにかく、社長にそう言ってから、慌ててプロポーズしました」

**だけど、ホントは**

その妻は高校三年の時の同級生。端整ながらふっくらとした顔立ち通りに、勉強ができてもギスギスしたところがなかったので、男子生徒に限らず女の子にも評判が良かった。今まで何人もが「告白」したが皆「討ち死に」という噂で、お節介な女子生徒が、スター選手の君ぐらいじゃないと彼女はオーケーしない、と言いに来たりしたが、患者にしてみると、見かけは気さくそうなのに、本当はそんなことで相手を選ぶのかという気がして、付き合いたいとはとうてい思わなかった。

ところが、ある初夏の放課後、練習が終わって鞄を取りに教室に戻ってみると、彼女がひとり残って机に向かっていた。何気なく、

「何してるの?」

と覗き込むと、彼女は、ちょっとまぶしそうな目をして彼を見上げ、黙ったまま一冊のノートを渡して寄こした。女の子なら普通、イヤとか何とか叫びながら、恥ずかしそうに両手で机の上を隠したりするだろう、と思ったのは後のことで、そのときは、渡されるまま、そのノート

に目を落とした。表紙にクラス日記と書いてある。そんなものがあるなんて知らなかった、と不思議に思ってページを繰っていると、

「水川さんが戻ってきたとき、浦島太郎にならないように、クラスの出来事を書いて、時々病院に持っていってるの」

水川というのは一学期早々に結核になって入院した女の子で、彼も、一度は見舞いに行ったが、それっきり。正直言うと彼女がクラスにいたこと自体を忘れかけていたのだった。

「お前、一年か二年の時、水川と同じクラスだったの？」

「ううん」

彼女はそれ以上何の説明もせず、彼の手からノートを取り戻すと、また机に向かって、字を書き始めた。その背中を見ながら彼は、今なにかを言わなくっちゃ、と思ったものの、その「なにか」がなんなのか分からず、しばらく自分の机のところで探し物をする振りをしていたが、こんな時間稼ぎをしても仕方がないと諦めて、

「じゃあな」と言って教室を出たのだった。

「じゃあ」

彼女も振り返ってそう言った。そのときの笑顔が……目に焼きついた。

まもなく夏休みに入った。高校時代最後のバレーボール。彼は毎日のように学校に行ったが、彼女の姿が見られないのが詰まらなくて、練習が終わると、ひとり、用もないのに教室に行って彼女の椅子に座ってみたりした。うちに帰っても、ぼんやり彼女のことを考え、あの笑顔を思い出していた。練習のない日に自転車に乗って、彼女のうちを探して回ったこともある。もし彼女に出くわしたら、そう考えるだけで、胸がどきどきした。そして、新学期になったら「告白」しようと決めていた。

しかし、実際に学校が始まると、教室で姿を見、声を聞くだけで満足して、もう一歩踏み出すことはなかった。

「もしごめんなさいって言われたら、バレー部のキャプテンまでした自分の立場がなくなると思って……女子の噂になるのもいやだったですし。だけど、よーするに、度胸がないだけのことだったんでしょうね。あの年頃って、自分になにかと言い訳するもんじゃないですかあ」

卒業してからは、いよいよ自分の気持ちを伝えることができなかった。同級会の帰りなど、何かの拍子に二人きりになる機会は何度もあったのだが、彼女の、有名大学へ進み一流企業に勤め、と華々しく「人生を積み上げてゆく」話を聞いた後では、何だか気後れしてしまうのだった。

彼女のことをすっかり諦めて何年も経った頃、ある日、友達から彼女が離婚して東京で苦労しているらしいという噂を聞いた。

「ちょっと慌てましたね。彼女は幸せにやっているとばかり思っていたものですから」

同窓会名簿を繰って連絡を取り、東京まででかけて会ってみた。しばらくぶりの彼女はさすがに小皺が出ていたが、表情は思いの外に明るい。

「どうしたの？　急に電話してきて」と聞かれたとき、彼は自分でも何をしに来たのか分かっていないことに気がついた。

「いやあ、久しぶりの東京出張でね」と小さな嘘をつき、それをごまかすために、

「どう、元気にやってる？」と聞いてみると、驚いたことに、彼女は再婚したばかりだった。

彼女とはそれからまたずっと会うことがなかった。突然彼女の方から電話をしてきたのは、二年ほど経ってからのことだった。

「また（結婚に）失敗しちゃった。頼めた義理じゃないけど、愚痴、聞いてくれる？」

やれやれと思いながら、彼は彼女の話を二時間に亘って聞いたのだった。

その後、今度は本当に東京出張となるたびに、彼女に会うようになった。

「正確に言うと、彼女と二人の子供たちに会うようになったんですけど……」

幼い父親違いの兄弟二人にすっかりなつかれたのだとか。

「結婚式はいつだったんですか？」と尋ねると、彼は、照れくさそうに、

「ちょうど、今から一年前ですか」

「ということは、目を掛けてくれた社長さんが亡くなる……」

「二ヵ月前です」

「すると、奥さんは結婚して故郷に戻り、それから半年後にまた東京に……」

「いや」

患者が苦笑いをした。

「カミさんはずっと東京にいたんです。こっちで仕事持っていましたし、いい保育園も（こちらで）見つけたばっかりでしたから」

「ということは、別居結婚？」

患者は、はあーっと溜息のような返事をすると、

「昔憧れていた女性と、相手がバツ二（二回の離婚歴）で子持ちなのに結婚して、一緒に住むために転職までして……話の筋だけだと、ちょっとした純愛物語でしょう？　友達連中は皆そう言ってますよ……だけど、ホントはね……」

彼女に会っていなかった間、彼女のことがどうしても忘れられなくて、ひたすら彼女のことだけを考えてきた、というわけじゃない。別の人と一ヵ月ばかり一緒に暮らしたことだってあるのだ。それは、営業先の会社の事務員で、彼は、このまま結婚することになるのかなあと漠然と考えてさえいた。しかし、その人は、ある日出て行って、それっきり戻ってこなかった。

「でも、出て行かれてみたら、自分の方もなんかほっとしたっていうか、ああ、これで良かったみたいな感じがしました」

## 晴れ晴れと

考えてみると、その女の子と同棲していたのは、その子が好きだからというより、遊び友達がいつも傍にいたら便利かなというぐらいのことだったような気がするのだった。

「自分は結婚っていうのが、よく分かっていなかったんですよ。カミさんと結婚したのだって正直言うと……あ、先生、ここで話すことはカミさんには……」

僕は、面接中の話は本人の許可のない限り誰にも話さないことになっている、と説明した。

患者は、にこっとして頷くと、

「どうせ結婚するんなら、彼女がいいかな、みたいな感じでした。子持ちのバツ二で、今は商品価値下がっているけど、元々はちょっとしたもんだったから、こりゃお買い得かな、みたいな……だから、自分が全然純粋じゃなかったことは確かなんですよ。それに、彼女だと、親が反対するだろうっていうのもありました」

親が反対しそうだから、彼女に結婚を申し込んだ？

「ええ。自分は、親の言うことに逆らったことがなくて……もともと自己主張しないタイプなんですよ。それで、バレーやってるときも、コーチや先輩に可愛がられましたけど。あ、そういう計算で自分を抑えてた訳じゃないんです。苦もなくそういうことができちゃうタイプ。そういう自分も、結婚ぐらいは自己主張してみたいって言うか……あれーっ」

彼は首を少し傾げて、

「社長の縁談断ったのも……そういうことだったのかなあ……」

そして、しばらく考え込んでいたが、

「うん」と、ひとり頷いてから、

「多分、そうです。おやっさんにも自己主張してみたかったんでしょうね。だけど、おやっさんは、あ、そうかっていう感じだったし、お袋も、全然反対しなかったんです」

母親は、お前もいい年だから、来てくれるならどんな嫁でもいいと言ったのだとか。確かに、妹も弟もとっくに結婚して子供がいるのだった。

「自分が(相手は)高校の同級生だって説明したもんだから、(母親は)勝手に、(自分が)長年好きだった人だろうって思い込んで、反対したら、息子は一生結婚せんだろうみたいなこと考えたらしいんですよね……純愛の強みですよ」

患者は、ちょっと自虐的に笑った。しばらく、間を空けてから僕は尋ねた。

「ところで、あなたが会社に立て替えていた三百万円のことですけど。本当は何のためのお金だったんですか？」

患者は、急な話題の変化にちょっと戸惑いながら、

「何のためって……ただ、漫然と貯めてたっていうか……」

「あ、聞き方が悪かったですね。ええと、もし。本当に、もし、の話ですけど、そのお金が戻ってきたとしたら、何に使いたいですか」

「そりゃ、家の頭金ですよ。自分が今、カミさんや子供たちにしてやりたいのは、まず第一に、安住の家(を手に入れるということ)ですから」

「そのことを、奥さんは？」

「知らないと思いますよ。三百万(円)あったってことだって……」

「もしかすると、あなたは会社が倒産したことも、奥さんに話していないのではありませんか？」

「そりゃ言えませんよ。カミさんに心配はかけられない。だって、（彼女は）もう散々苦労をしてきたんですから……あれ？　自分が不安に思っていたことって……そういうことだったのかなあ」

患者は口を噤《つぐ》んでなにやら考え始めた。しばらくすると、晴れ晴れとした顔になり僕の方を見た。そこで、僕は、

「あなたの、奥さんに対する想いは、あなた自身の言うとおり純愛っていうのではなかったのかも知れません。だけど、今、奥さんを心底愛してらっしゃることに変わりはないですよね。愛情の純粋さは、あなたのぐらいが程いいんじゃないでしょうか。蒸留水より、ミネラルウォーターの方が美味いのと同じで」

すると、患者は嬉しそうに、

「そーですよね。（人に）純愛と呼ばれたくないと思っていたのも、そういうことだったような気がします」

「さて。眠れないというのでおいでになったのでしたよね。眠り薬を差し上げましょうか？」

患者は、要らないと言い、笑いながら、

「いやあ、のんきに眠ってる場合じゃないって気がしてきました。まずは仕事探しでしょう。それから、妻に失業したことも……やっぱ、報告した方がいい、ですよね？」

と僕の方をうかがい、それから、いかにも営業マンらしいメリハリの利いたお辞儀をすると、

「おかげさまで、先生と話しているうちに、なんか気持ちの整理がつきました」

と言って、帰って行ったのだった。

# あとがき——とびっきりの愛の物語

若者たちは愛に心底憧れていながら、他方で、とことん愛に絶望している。僕はここ何年かの間、ずっとそんな印象を持ち続けてきた。今の若い人にとって、愛という言葉が真顔では言えないような白々しいものになっているのも、おそらく、そのせいだろう。どうしてこういうことになったのだろうか。一度、まとめて考えてみたい。そう思ってきた。なにしろ、〝愛〟というのは精神科の中心的な問題なのだから。

しかし、中心的な問題であるだけに精神科では、〝愛〟について、すでに多くのことが語られていて、それらがたいてい、一時代前の人間を前提にしているとはいえ、いまさら、なにかを言い足すというのはちょっと難しいことだった。言いかえれば、〝愛〟は、現代の精神科医にとっても真顔では論じにくい、取り扱いにくいテーマだったのだ。

手掛りのないまま、何年もが経った。しかし、今考えてみると、前に新書で書いた『豊かさの精神病理』や『やさしさの精神病理』も形を変えた僕流の〝愛〟の研究だったのかもしれない。

ともあれ、『やさしさ』を仕上げて、『拒食の喜び、媚態の憂うつ』(岩波書店)に取り掛かったとき、その本の主題である、現代における〝欲望〟すなわち〝食〟と〝性〟の状況や意味を検討するに先立って、僕は急がば回れ式に、近現代における「自分」の在り方を勉強することから始めた。『やさしさ』のときから、例えば〈やさしい自分を愛でる自分〉といった「二重の自分」の形式があることが気になっていて、「やさしさ」といった特殊な人間関係の話でならそのことに触れずに済むとしても、新しい本で検討するはずのテーマとなると、例えば〈過食に耽る自分を嫌悪する自分〉という二重性を抜きにしては話にならないと思ったのだ。結局、僕は、『拒食』の本の前半を精神科の歴史に、といっても、いわゆる学説史ではなく、その学説自体が時代の雰囲気の中でどのような「自分」を前提にして生まれたかという、柄にもなく大掛かりな話題に当てることになってしまったが、おかげで、『やさしさ』の背景にある「自分」のあり方についても理解できるようになったのである。

折りしも、僕は、ある女性誌で連載をしていた。後に『悲しみよさようなら ストレスもさようなら』(NHK出版)として単行本化されたこのシリーズで若い女性向けのアドバイスを毎月毎月書きながら気がついたのは、精神科で扱う問題の三分の一が恋愛がらみだということで、こうした若い男女の恋愛に限るなら、『拒食』のほうで勉強している「自分」史が、〝食〟や〝性〟を通して〝愛〟にも応用が利きそう。そんな見通しが得られたのだった。

そういうわけで、本書に取り掛かったとき、準備は完全にできているはずだった。理論的な検討は『拒食』で済んでいたし、『悲しみ』のほうでは、今の若い人たちにどんな恋愛の問題があり、どうすれば解決がつくかといった実際面をまとめていたのだから、あとは、「純愛」という特殊な恋愛を巡る選りすぐりの症例を書くだけ。僕は編集担当者に、さっと仕上げられます、というようなことを話したと思う。

ところが、いざ書き始めてみると、自分がいかに軽はずみだったか思い知らされた。分からないことが次々と出てきたのである。

それは、例えば序章の症例で、恋愛の相手が、なぜ日本人ではだめで、外国人、しかも第三世界の人でなくてはならなかったのか、といった類いのことで、こうした疑問を放置しておくと、その症例の発病の機序に不明の点を残すばかりか、「純愛」なるものの正体をも見失うように思えた。

そのため、各章ごとに類似の症例をいくつか書いてみては比較検討を重ね、さらには『ドン・キホーテ』や『ガリヴァー』といった、今様の「自分」が成立する以前の、理想と現実を扱った本を読んだり、困ったときの『ニコマコス』頼みで、思考の整理をつけたり……と、思わぬ勉強を強いられ、我ながら予想しなかったほどの時間が掛かってしまった。思えば、種本にするつもりだった『拒食』も、僕にしては珍しく予定から大幅に遅れた本だったわけで、どうもこの系列は僕には難物だったとしか言いようがない。

ところで、書いているうちに湧いてきた疑問というのは個々の症例に限ったことではなく、広がりのある問題ばかりだった。序章のような例で言えば、患者たちは、

「好きになった人がたまたま外国人だっただけ」

と言うけれども、こちらがそんなものかと簡単に頷いてしまうわけにもいかないのは、ふつう、こうした、一見さしたる「理由」のなさそうなことにこそ、その背後に本人も意識していない動機が隠れているからだし、それればかりでなく、一般に今の若い人たちの言う「たまたま」というのが、必ずしも旧来の〝偶然〟であるとは限らないからだ。

例えば、町で「たまたま」出会って「ナンパ」し、されるとき、それが「必然」の出会いだったと言わんばかりの態度をとる若者たちが珍しくない。逆に、昔から何の疑いもなく〝必然〟と考えられてきたような地縁血縁の類いを「偶然」と呼んで軽視する人も多くいて、それは、例えば、学校や会社の仲間は勉強あるいは仕事をしにきて、そこで「偶然」一緒になった

だけで、出会いを求めて「必然」的に集まったのではない、といった具合だし、兄弟だって親のセックスの結果「偶然」相前後して同じ家に生まれただけといった塩梅。もちろん若者の中にも、「偶然」の出会いを喜ぶ人はいるのだが、そのニュアンスも僕たちの世代のとはちょっと違っていて、〝偶然〟を〝偶然〟として喜ぶというよりは、「偶然」の背後にある「運命の必然」をわりと本気で信じているような気配なのだ。

こうした若者たちの「必然」「偶然」を概念的に定義しようとして、僕は袋小路に入ってしまった。最後には、アリストテレスの助力を得てもきれいに整理がつかないのは、多分、この新しい「必然」だの「偶然」といったものが、まだ過渡期にあるせいだろう、ということにして深入りするのをやめた。それで済んだのは、精神科医お得意の、言葉にとらわれないで、その言わんとするところを斟酌するという手が使えたからで、記録を繰り返し見ていると、若者たちが、人と人の出会いには(「必然」という名の)一種の〝筋書き〟が必要、と主張しているように思えたのである。その〝筋書き〟を、自らが書くのか、あるいは運命(「偶然」)という自分を超えたものに書いてもらうかの違いがあるにしても。

そう考えてみると、前から不思議に思っていたこと、つまり、昔ながらの恋愛・お見合いという二項対立が最近、急速に意味を持たなくなりつつあることも分かる気がした。おそらく、現代のお見合いとも言うべき「友達の紹介」や「カップリングパーティー」による出会いは、〝筋書き〟になりうる場面のひとつとして、旅先の町角や学園祭のキャンパスと本質的になんの変わりもないものになっているのだろう。他方、自然に知り合って、何となくお互いに好意を持ち、食事に行くなり映画を見に行くなりして交際を続けるうちに愛の確信を得て……という旧来の恋愛の型が姿を失いつつあるのは、そういうのではあまりに物語として平板で節目がなく、ろくな〝筋書き〟にならないからではないか。

もし話がそういうことだとすれば、「告白」という、前々から気になっていたものの正体も分かる。

「告白」とは、昔流の単なる愛の告白とは違って、「好きです」と自分の気持ちを伝えるのに加えて「付き合って下さい」と申し込む比較的最近の習慣である。それまでいくら親密に付き合っていても、「告白」とそれに対する承諾なくしては「彼氏」あるいは「彼女」にはならないという点で、言葉による一種の儀式と考えられるが、僕には、そもそもなぜ、そういう儀式が必要になったのかという辺りのことが以前から不思議だった。

儀式というのは一般的に、当事者にその意味を尋ねても充分な説明が返って来るはずのないことではあるが、それを承知のうえで僕は患者に限らず多くの若者たちに質問してみたことがあって、その結果、どうも、この「告白」では、いやそれに限らず、それ以前の段階である「出会い」でも、ナンパだの交際雑誌がそれなりに尊重されるように、自分の、あるいは相手の積極的な意思の表明がなされる点に意味があるらしい、と感じていた。

しかるに、いま、恋愛における〝筋書き〟の大切さということに気がついてみると、「告白」は、なるほど、個人版の恋愛ドラマに明確なストーリーを与えるために必要な〝節目〟だ、と思えたのである。

ところで、この「告白」に、それを男女のいずれがすべきかという決まりのないことも、注目に値するだろう。症例を集めて調べてみると、これは男女同権などといったことによるのではなくて、しばらく「友達として」親密に付き合った挙句に「告白」に至るとき、それをすべく期待されるのは、たいてい、二人のうちで、年齢、容貌など「バランス」上劣位にある側のことが多いのである。その場合、不利な条件という「壁」を乗り越え勇気を持って「告白」できることが、己の気持ちの強さの証明になっている。

しかし、「告白」が済んで、いざ、恋愛の段階に入ると今度は、「バランス」上優位にある者のほうが自らの愛情を確信することになる。それは、いわゆる玉の輿に乗る貧しい娘が「得」するのに対して迎え入れる金持ちの方は相手にぞっこん、という昔のステレオタイプと似た理屈で、「バランス」上優位なほうが「損」を我慢し、あるいは犠牲を多く払えるほどに愛情が深い、という考え方なのである。

ちなみに、恋愛におけるこの「損得」というのは、実際、面接でしばしば語られることで、ことに恋愛が立ち行かなくなったときに、例えば、「不倫」をしていた娘が、相手の妻子持ちの不実を詰《なじ》って「冴えないオヤジのくせに私みたいな若い子と付き合って、向こうばっかりが得していたのに」という風に表面化する。いかにも計算高いような言い方で、僕は好きになれないでいたが、これも、単に、自分の深い愛情が受け入れられなかったことを嘆いているに過ぎないのだろう……。

と、まあ、こんな具合に、症例ごとに湧き上がってくる疑問の一つ一つに答えを探しつつ、本書を書いてきたのだが、書き上げてみると嬉しいことに、理屈の大枠は『拒食』で書いたとおりで間違いないようだった。『拒食』での結論は、現代の〃性〃や〃食〃が、すぐれて、先に述べた「自分」の二重性、言いかえれば、二つの「自分」の相克によって複雑な様態を見せているというところにあったが、〃愛〃の場合においても、現に生活し恋愛をする〔自分〕と、それを見つめ、いや、それを小うるさく監督し指示するもう一つの〈自分〉とがいて、その葛藤が今風の恋愛を生むのだし、また、恋愛自体を難しくしている、と思われる。

ただ〝愛〟では物語性というのが重要で、そこにまた、「二つの自分」がかかわってくる。つまり、ドラマに準《なぞら》えて言えば、今日の〝愛〟というのは、主人公と監督がともに「自分」の自作自演なのだが、普通の恋愛がとかくその二人の「自分」の妥協によってすっきりしない仕上がりになるのに対して、純愛では、主演の俳優女優の都合に合わせて監督が譲歩するどころか、役者はあくまで監督の理想、つまり「純愛」の物語通りに演じさせられる。それが「純愛」を純粋なものにするのだが、徹底的に純粋さが求められれば求められるほど、主演者、すなわち現実に生活しているほうの〔自分〕には無理が重なるのである。本書に挙げた症例で主人公たちが、いずれも、平凡ではない〝とびっきりの愛〟に突き進んだ挙句、発病に至ったのも当然のことなのかもしれない。

ともあれ、実際に「純愛」へと向かうか否かに関係なく、現代の恋愛では、純愛に憧れる〈自分〉は、真実の愛を諦めたまま毎日の現実に埋没している〔自分〕にいつも不満をもっている。「私は、自分が嫌いなんです」

そんな風に言う若者の何と多いことだろう。しかし、そういう現実の〔自分〕だって、身の回りの現実のほうが普段とはうって変わって、たとえば外国人と恋に落ちたり、インターネットや別の「人生モード」のなかで特別な相手に出会ったり、という具合になれば、話はまるで違ってくる。〈自分〉や〔自分〕が何をしなくても、何かの拍子に劇的なことが起きてくれないかなあ、とぼんやり待っている若者もまた、多いのである。

ところで、いよいよ本書を閉じるに当たって気になるのは、やはり、症例として登場することを承知してくれた患者たちのことだ。あの人たちは、今、どこでどんな恋をしているのだろうか。僕は一人一人の特定ができないようにこの本を書いたが、当の本人たちには、これは自分のことだと、すぐに分かるはず。本書が、本書の主人公たちの今の恋、未来の愛の参考になることを、僕は切に願っている。

そして、遅々として進まぬ僕の作業を辛抱強く待ってくれていた二人の編集者。天野泰明、山本慎一両氏には、お詫びかたがた、いつもながらの友情とプロの技に感謝しておきたい。

大平 健

1949年鹿児島生まれ
1973年東京大学医学部卒業
専攻－精神医学
現在－聖路加国際病院精神科勤務
著書－『豊かさの精神病理』
『やさしさの精神病理』(以上，岩波新書)
『貧困の精神病理』
『精神科医のモノ・グラフ』
『顔をなくした女』
『こころの散歩道』
『拒食の喜び，媚態の憂うつ』
(以上，岩波書店)
『曇りのち晴れ　こちらパソコン専科こころの診察室』(日経BP社) ほか


純愛時代　岩波新書(新赤版)688

2000年9月20日　第1刷発行

著　者　大《おお》平《ひら》 健《けん》

発行者　大塚信一

発行所　株式会社 岩波書店
〒101-8002 東京都千代田区一ツ橋2-5-5

電　話　案内 03-5210-4000　営業部 03-5210-4111
新書編集部 03-5210-4054
http://www.iwanami.co.jp/

印刷製本・法令印刷　カバー・半七印刷



ISBN 4-00-430688-4　Printed in Japan

# 岩波新書創刊五十年、新版の発足に際して

岩波新書は、一九三八年一一月に創刊された。その前年、日本軍部は日中戦争の全面化を強行し、国際社会の指弾を招いた。しかし、アジアに覇を求めた日本は、言論思想の統制をきびしくし、世界大戦への道を歩み始めていた。出版を通して学術と社会に貢献・尽力することを終始希いつづけた岩波書店創業者は、この時流に抗して、岩波新書を創刊した。

創刊の辞は、道義の精神に則らない日本の行動を深憂し、権勢に媚び偏狭に傾く風潮と他を排撃する驕慢な思想を戒め、批判的精神と良心的行動に拠る文化日本の躍進を求めての出発であると謳っている。このような創刊の意は、戦時下においても時勢に迎合しない豊かな文化的教養の書を刊行し続けることによって、多数の読者に迎えられた。戦争は惨澹たる内外の犠牲を伴って終わり、戦時下に一時休刊の止むなきにいたった岩波新書も、一九四九年、装を赤版から青版に転じて、刊行を開始した。新しい社会を形成する気運の中で、自立的精神の糧を提供することを願っての再出発であった。赤版は一〇一点、青版は一千点の刊行を数えた。

一九七七年、岩波新書は、青版から黄版へ再び装を改めた。右の成果の上に、より一層の課題をこの叢書に課し、閉塞を排し、時代の精神を拓こうとする人々の要請に応えたいとする新たな意欲によるものであった。即ち、時代の様相は戦争直後とは全く一変し、国際的にも国内的にも大きな発展を遂げながらも、同時に混迷の度を深めて転換の時代を迎えたことを伝え、科学技術の発展と価値観の多元化は文明の意味が根本的に問い直される状況にあることを示していた。

その根源的な問は、今日に及んで、いっそう深刻である。圧倒的な人々の希いと真摯な努力にもかかわらず、地球社会は核時代の恐怖から解放されず、各地に戦火は止まず、飢えと貧窮は放置され、差別は克服されず人権侵害はつづけられている。科学技術の発展は新しい大きな可能性を生み、一方では、人間の良心の動揺につながろうとする側面を持っている。溢れる情報によって、かえって人々の現実認識は混乱に陥り、ユートピアを喪いはじめている。わが国にあっては、いまなおアジア民衆の信を得ないばかりか、近年にいたって再び独善偏狭に傾く惧れのあることを否定できない。

豊かにして勁い人間性に基づく文化の創出こそは、岩波新書が、その歩んできた同時代の現実にあって一貫して希い、目標としてきたところである。今日、その希いは最も切実である。岩波新書が創刊五十年・刊行点数一千五百点という画期を迎えて、三たび装を改めたのは、この切実な希いと、新世紀につながる時代に対応したいとするわれわれの自覚とによるものである。未来をになう若い世代の人々、現代社会に生きる男性・女性の読者、また創刊五十年の歴史を共に歩んできた経験豊かな年齢層の人々に、この叢書が一層の広がりをもって迎えられることを願って、初心に復し、飛躍を求めたいと思う。読者の皆様の御支持をねがってやまない。

（一九八八年一月）

## 岩波新書より

### 言語

- 中国 現代ことば事情　丹藤佳紀
- ことば散策　山田俊雄
- 日本人はなぜ英語ができないか　鈴木孝夫
- 教養としての言語学　鈴木孝夫
- 日本語と外国語　鈴木孝夫
- ことばと文化　鈴木孝夫
- 心にとどく英語　M・ピーターセン
- 日本人の英語 正・続　M・ピーターセン
- 日本語練習帳　大野晋
- 日本語の起源〔新版〕　大野晋
- 日本語の文法を考える　大野晋
- 翻訳と日本の近代　丸山真男／加藤周一
- 日本語ウォッチング　井上史雄
- 仕事文の書き方　高橋昭男
- 名前と人間　田中克彦
- 言語学とは何か　田中克彦
- ことばと国家　田中克彦
- 韓国言語風景　渡辺吉鎔
- 日本語はおもしろい　柴田武
- 英語の感覚 上・下　大津栄一郎
- 日本語〔新版〕上・下　金田一春彦
- 敬語　南不二男
- 外国語上達法　千野栄一
- 記号論への招待　池上嘉彦
- 外国人とのコミュニケーション　J・V・ネウストプニー
- 翻訳語成立事情　柳父章
- 言語と社会　P・トラッドギル／土田滋訳
- 漢字　白川静
- ことばの道草　岩波書店辞典編集部編

### 心理・精神医学

- 夢分析　新宮一成
- 薬物依存　宮里勝政
- 精神病　笠原嘉
- 不安の病理　笠原嘉
- やさしさの精神病理　大平健
- 豊かさの精神病理　大平健
- 心の病理を考える　木村敏
- 生涯発達の心理学　高橋恵子／波多野誼余夫
- 色彩の心理学　金子隆芳
- 心病める人たち　石川信義
- 新・心理学入門　宮城音弥
- 生きるとは何か　島崎敏樹
- コンプレックス　河合隼雄
- 夢〔第二版〕　宮城音弥
- 精神分析入門　宮城音弥
- 社会心理学入門　南博

## 岩波新書より

### 宗教

中世神話　山本ひろ子
イスラム教入門　中村廣治郎
新宗教の風土　小沢　浩
宣教師ニコライと明治日本　中村健之介
蓮　如　五木寛之
密　教　松長有慶
仏教入門　三枝充悳

✧

ヒンドゥー教とイスラム教　荒　松雄

✧

イスラーム　蒲生礼一
お経の話　渡辺照宏
日本の仏教　渡辺照宏
仏　教〔第二版〕　渡辺照宏

✧

禅と日本文化　鈴木大拙　北川桃雄 訳

### 哲学・思想

私とは何か　上田閑照
戦争論　多木浩二
キケロ　高田康成
正念場　中村雄二郎
術語集 II　中村雄二郎
術語集　中村雄二郎
臨床の知とは何か　中村雄二郎
問題群　中村雄二郎
哲学の現在　中村雄二郎
近代の労働観　今村仁司
プラトンの哲学　藤沢令夫
ギリシア哲学と現代　藤沢令夫
南原　繁　加藤　節
マックス・ヴェーバー入門　山之内靖
ハイデガーの思想　木田　元
現象学　木田　元
民族という名の宗教　なだいなだ
権威と権力　なだいなだ

✧

ニーチェ　三島憲一
「文明論之概略」を読む 上・中・下　丸山真男
日本の思想　丸山真男
文化人類学への招待　山口昌男
働くことの意味　清水正徳

✧

近代日本の思想家たち　林　茂
知者たちの言葉　斎藤忍随
現代日本の思想　久野　収　鶴見俊輔
朱子学と陽明学　島田虔次
デカルト　野田又夫
現代論理学入門　沢田允茂
哲学入門　三木　清

# 岩波新書より

社会科学の方法　大塚久雄

水俣病　原田正純

ユダヤ人　J-P・サルトル　安堂信也訳

社会科学入門　高島善哉

自動車の社会的費用　宇沢弘文

岩波新書より

## 教育

子どもの社会力　門脇厚司
日本の教育を考える　宇沢弘文
現代社会と教育　堀尾輝久
教育入門　堀尾輝久
教育改革　藤田英典
新・コンピュータと教育　佐伯胖
性教育は、いま　西垣戸勝
子どもとあそび　仙田満
子どもと学校　河合隼雄
子どもの宇宙　河合隼雄
障害児と教育　茂木俊彦
幼児教育を考える　藤永保
子どもと自然　河合雅雄
教育とは何か　大田堯
✧
日本教育小史　山住正己
ことばと発達　岡本夏木
子どもとことば　岡本夏木
戦後教育を考える　稲垣忠彦
乳幼児の世界　野村庄吾
✧
自由と規律　池田潔
母親のための人生論　松田道雄
おやじ対こども　松田道雄
私は二歳　松田道雄
私は赤ちゃん　松田道雄

## 環境・地球

地球持続の技術　小宮山宏
熱帯雨林　湯本貴和
日本の渚　加藤真
ダイオキシン　宮田秀明
環境税とは何か　石弘光
地球環境報告II　石弘之
地球環境報告　石弘之
酸性雨　石弘之
山の自然学　小泉武栄
森の自然学校　稲本正
地球温暖化を防ぐ　佐和隆光
日本の美林　井原俊一
原発事故を問う　七沢潔
地球温暖化を考える　宇沢弘文
地球環境問題とは何か　米本昌平
自然保護という思想　沼田真
水の環境戦略　中西準子
沙漠を緑に　遠山柾雄
アメリカの環境保護運動　岡島成行
原発はなぜ危険か　田中三彦
ハイテク汚染　吉田文和
都市と水　高橋裕
✧
プルトニウムの恐怖　高木仁三郎

## 随筆

## 岩波新書より

### 基礎科学

- 木造建築を見直す　坂本　功
- 土石流災害　池谷　浩
- 市民科学者として生きる　高木仁三郎
- カラー版 恐竜たちの地球　冨田幸光
- 科学の目 科学のこころ　長谷川眞理子
- 地震予知を考える　茂木清夫
- カラー版 シベリア動物誌　福田俊司
- 宇宙の果てにせまる　野本陽代
- カラー版 ハッブル望遠鏡が見た宇宙　野本陽代／R・ウィリアムズ
- 味と香りの話　栗原堅三
- 生命と地球の歴史　丸山茂徳／磯﨑行雄
- 科学論入門　佐々木力
- 活断層　松田時彦
- 日本酒　秋山裕一
- 量子力学入門　並木美喜雄
- 日本列島の誕生　平　朝彦
- 色彩の科学　金子隆芳

---

- 地震と建築　大崎順彦
- 動物園の獣医さん　川崎　泉
- 物理学とは何だろうか 上・下　朝永振一郎
- 火山の話　中村一明

---

- 生命とは何か　E・シュレーディンガー／岡小天／鎮目恭夫 訳
- 大工道具の歴史　村松貞次郎
- 中国の科学文明　藪内　清
- 科学の方法　中谷宇吉郎
- 宇宙と星　畑中武夫
- 数学入門 上・下　遠山　啓

---

- 物理学はいかに創られたか 上・下　アインシュタイン／インフェルト／石原　純 訳
- 零の発見　吉田洋一

### コンピュータ

- インターネット術語集　矢野直明
- インターネット セキュリティ入門　佐々木良一
- インターネットII　村井　純
- インターネット　村井　純
- インターネット自由自在　石田晴久
- パソコン自由自在　石田晴久
- コンピュータ・ネットワーク　石田晴久
- パソコンソフト実践活用術　高橋三雄
- インターネットが変える世界　古瀬幸広／廣瀬克哉
- Windows入門　脇　英世
- マルチメディア　西垣　通

## 法律



## 経済